Félix Bellamy

Éon de l'Étoile

L'hérétique de Brocéliande

Copyright © 2022 by Culturea
Édition : Culturea 34980 (Hérault)
Impression : BOD - In de Tarpen 42, Norderstedt (Allemagne)
ISBN : 9782382749913
Dépôt légal : août 2022
Tous droits réservés pour tous pays

I. — LE SEIGNEUR DE L'ÉTOILE

I

Vers le milieu de ce même douzième siècle, de 1145 à 1148, par conséquent du temps de Robert Wace, Bérenton reçut un autre genre de célébrité par les actes d'un homme, Éon de l'Étoile, qu'on représente habituellement comme un hérésiarque et un fanatique extravagant, mais qui semble plutôt n'être qu'un effronté brigand.

En racontant l'histoire d'Éon de l'Étoile j'indiquerai, chemin faisant, les sources, toutes bien connues, où j'en ai puisé les détails; mais je dois tout d'abord mentionner deux historiens du XIIe siècle, contemporains d'Éon par conséquent, et qui ont principalement défrayé tous les écrivains qui se sont ensuite occupés de ce personnage. Ce sont Guillaume de Neubrige et Othon de Freisingen.

Guillaume de Neubrige, né en 1136 dans le duché d'Yorck, en Angleterre, et mort en 1208 ou 1220, était chanoine de Saint-Augustin de Cantorbéry, en Angleterre. Il À écrit: *Rerum Anglicarum libri quinque.* C'est dans cet ouvrage que l'on trouve l'histoire d'Éon.

Othon de Freisingen (Otto Frisingensis), ainsi nommé parce qu'il fut évêque de Freisingen, petite ville de Bavière à peu de distance de Munich, était d'une illustre origine; il vint faire ses études dans l'Université de Paris et mourut en 1158. C'est aux chapitres LIV et LV du livre I de son histoire: *De Gestis Friderici I Cæsaris Augusti,* qu'il raconte brièvement ce qui concerne Éon.

On trouvera, plus loin, la partie des textes de ces deux historiens qui se rapporte à notre sujet.

II

Eudon, que par abréviation les Bretons appelaient Éon (D'Argentré) et qualifié de l'Étoile (*agnomen habens de Stella,* Guill. de Neub.), était Bas-Breton, gentilhomme et de bonne famille, selon la plupart des auteurs. Moréri (*Dict. histor.*) rapporte que plusieurs évêques du Concile de Reims (1148) assurèrent qu'il appartenait à l'une des principales familles de Bretagne. On À même émis l'opinion, mais sans preuves, qu'il était de la famille d'Eudon de Penthièvre qui se fit momentanément reconnaître duc de Bretagne.

Il était natif des environs de la forêt de Loudéac (d'Argentré), peut-être de Loudéac même : Le *Chronicon Britannicum* dit : *de pago Lodiacense ortus*, par quoi on peut entendre : soit le bourg même, aujourd'hui la ville de Loudéac, soit le pays de Loudéac. « Il y a environ cinquante ans, note Ogée-Marteville, on voyait encore à Loudéac la maison où, dit-on, naquit Éon de l'Étoile ; elle était située au coin de la grande place et était de peu d'apparence, elle avait été percée récemment de fenêtres à la moderne. » Le Dictionnaire d'Ogée-Marteville ayant paru en 1843, ce serait donc vers 1785 à 1790, que cette maison aurait été démolie. Cependant, aujourd'hui, l'emplacement de cette prétendue maison d'Éon, à Loudéac, est tout à fait inconnu. D'un autre côté, un habitant de Loudéac, homme instruit, qui s'occupe d'une façon spéciale de l'histoire et des antiquités de son pays, pense que le dit Éon, en admettant qu'il fût natif de Loudéac, aurait bien pu naître dans un village nommé la Fontaine Yon ou Fontaine Éon, situé dans la paroisse de Saint-Barnabé, voisine de Loudéac, dont elle était autrefois une trêve, ou bien encore au lieu-dit la Belle Étoile, où est actuellement la sous-préfecture. Mais ce ne sont là que de simples suppositions, dit-il, dont le point de départ est la ressemblance des noms, mais que rien par ailleurs ne vient corroborer.

Le chanoine Mahé, s'appuyant sur des traditions locales, et peut-être sur ce fait qu'un village de Concoret porte le nom de la Rue-Éon, avance qu'il était natif de Concoret. L'abbé Guillotin dit qu'« Éon avait habité dans l'enceinte de Concoret » c'est-à-dire le bourg, et qu'il avait un refuge au village de la Rue-Éon. Le *Registre* de Concoret, de l'abbé Guillotin, cite plusieurs fois des habitants de Concoret du nom de Éon, entre autres, Jean Éon, trésorier de Concoret en 1457. Était-il de la famille d'Éon ?

Othon de Freisingen, au sujet de la patrie d'Éon, est encore plus vague, puisqu'il se borne à dire : né vers les régions de la Bretagne et de la Gascogne.

Parmi ses historiens, aucun ne nous apprend pourquoi Éon fut surnommé de l'Étoile. « Il fit tant de folies, dit l'abbé Manet (*Hist. de la Petite-Bretagne*, p. 204), qu'on le surnomma Éon de l'Étoile ». – On ne voit pas trop le rapport qu'il peut y avoir entre ces folies et le surnom, et quelques éclaircissements à ce sujet n'eussent pas été hors de propos. Cette seigneurie lui aurait-elle été octroyée parce que n'ayant point de demeure fixe, ne couchant jamais sous un toit, rôdant souvent avec sa bande pendant la nuit, il ne dormait et ne travaillait qu'à la *belle étoile* ?

Serait-ce parce que, se livrant à la magie, à l'astrologie et aux arts occultes, il interrogeait la nuit le cours des astres?

On s'accorde à dire qu'il était assez mal doué du côté de l'esprit. Il était sans instruction et pauvre d'intelligence *(Illiteratus et idiota,* GUILL. DE NEUB.). – Un auteur anonyme, son contemporain, le donne comme tout à fait ignorant et ne sachant pas même ses lettres[1].

Dom Gervaise renchérit encore: «Il joignait à une profonde ignorance, grand nombre d'autres mauvaises qualités: il était grossier, brutal, opiniâtre, et sans autre religion que celle qu'il se faisait à sa mode»[2]. – Dom Lobineau, à six siècles de distance, le juge: «esprit grossier et stupide»[3] – Selon Dom Morice, il gâta par l'étude de la magie le peu d'esprit que lui avait donné la nature[4].

Ah! seigneur de l'Étoile, voilà des gens qui ne vous aiment guère. – Quelques autres, cependant, ne sont pas si durs envers lui. Fleury se borne à dire: Homme presque sans lettres[5]. Le P. Fontenai, qui sans doute l'avait examiné, palpé, percuté, mesuré, nous représente le malheureux Éon, comme «enflé d'un léger commencement de lettres et s'avisant de raisonner»[6]. Ce diagnostic médical semble si merveilleux à Rohrbacher, qu'il s'en réserve l'honneur, et le reproduit littéralement dans sa consultation sur l'état d'Éon, sans en indiquer l'auteur[7].

Le chanoine Mahé, lui aussi, le donne comme très ignorant, mais il ajoute fort judicieusement: «comme tous les gentilshommes de ce temps-là». Éon se trouve donc ainsi relevé, quant aux dons de l'esprit, à peu près au même niveau que ses égaux par la naissance.

Ses débuts dans la célébrité sont racontés de diverses manières. «Il se tenait hermite en la forêt de Brécilien», dit d'Argentré. «Il fut hermite dans la forêt de Brécilien, dit Mahé d'après la tradition locale, et aussi cénobite dans un couvent dont on voit encore les ruines à Concoret. Il s'y plaisait beaucoup, et parce que son supérieur le transféra contre son gré dans celui de Paimpont, il en conçut du dépit, renonça à sa profession et se mit à dogmatiser». Mahé est, je crois, le seul à dire que ce fut au monastère de Paimpont que Éon dut être transféré.

«À l'extrémité de la forêt de Paimpont, près du château du Rox, dans la pa-

---

[1] Ex Auctario gemblacense.
[2] Dom GERVAISE, Histoire de Suger, MDCCXXI, t. III, p. 194.
[3] *Hist. de Bret.*, t. 1, P. 150.
[4] *Hist. ecclésiast. et civ. de Bret.*, t. 1, p. 99.
[5] FLEURY, *Hist. ecclésiastiq.*, t. XIV, MDCCXXVII, p. 658, année 1148.
[6] Le P. PIERRE CLAUDE FONTENAI, *Hist. de l'Église gallicane*, t. IX, MDCCXXXIX, p. 204-207.
[7] ROHRBACHER, *Hist. universelle de l'Église cathol.*, 2ᵉ édit., t. XV, (1851), p. 458.

roisse de Concoret, nous dit M. Pol de Courcy dans un excellent article, un cénobite, Éon de l'Étoile, au XIIᵉ siècle s'était construit un hermitage »[8]

Il est probable qu'en ces temps de désordre et d'anarchie, un grand nombre d'hommes pieux et portés à la vie solitaire venaient chercher, dans les retraites de Bréchéliant, un asile contre la violence du siècle, pour s'y livrer en paix à la prière et à la méditation.

Éon, parait-il, fut donc tout d'abord, lui aussi, hermite en Bréchéliant, mais il ne sut persévérer dans les méritantes pratiques de l'état religieux, et bientôt l'oraison, les jeûnes, les macérations lui semblèrent exercices fâcheux et peu profitables pour le présent. Cédant à son penchant pervers, il laissa bientôt la hutte de branchages, le lit de mousse, l'oreiller de pierre, l'oratoire dans la grotte, et à l'exemple de bien d'autres hommes, en ces époques de troubles et de guerres, Éon se choisit la profession, périlleuse sans doute, mais certainement lucrative et non sans charme pour certains caractères, de brigand et d'aventurier. Je me le représente avec bottes et éperons, galonné d'or de haut en bas, grand sabre au côté, sur la tête casque orné d'oripeaux et d'un vertigineux plumet; moustaches menaçantes, air et manières de sacripant. Il entraîna, peut-être à sa suite quelques-uns des hermites eux-mêmes; on peut le supposer, d'après Le Bault (*Histoire de Bretagne,* p. 182). Il n'eut pas de peine, d'ailleurs, à ramasser des compagnons car les barons et les seigneurs traitaient le pauvre monde d'une façon bien dommageable, et d'opprimé on devenait oppresseur, en entrant dans la bande du seigneur Éon de l'Étoile. C'était échanger la misère et les transes continuelles d'une vie précaire, contre abondance et sécurité relatives. Une circonstance particulière contribua, peut-être aussi, aux succès d'Éon, ce fut l'extrême misère des populations. Pendant cette période, de 1145 à 1148, les hivers furent si rigoureux que les récoltes manquèrent.

Éon établit son repaire dans des lieux déserts et inabordables, notamment dans la vaste forêt de Bréchéliant, aux alentours de Bérenton. De là, poussé par le diable (Guill. De Neub.), il s'élançait à l'improviste et s'en allait piller et dévaster églises, monastères, châteaux et villages : il était formidable; puis, après une fructueuse opération, il revenait avec sa bande, faire bombance à Bérenton; ils se gorgeaient de festins et d'orgies, et tous passaient joyeusement le temps sans peines ni soucis, et magnifiquement vêtus. Pour Éon, il s'entourait de faste et de splendeur, et menait un train de prince.

Tout cela n'était qu'exploits humains. Mais il se livrait aussi à la magie; Éon

---

[8] *Guide de Rennes à Brest,* 1864, p. 21.

entretenait commerce avec les esprits maudits, qui n'étaient pas sans s'intéresser à ses affaires; et par leur intervention, dit Guill. de Neubrige, à qui j'emprunte tous ces faits merveilleux, car je ne saurais et ne dois rien inventer en sujet si grave, il opérait des prestiges et des enchantements par lesquels il séduisait et s'attachait nombre de gens simples, qui le regardaient comme un puissant sorcier, et qui lui demeuraient soumis comme au maître des maîtres, semblables à des mouches prises dans la toile de l'araignée. Le bon Guill. de Neubrige nous raconte, de la meilleure foi du monde, quelques-uns des miracles qu'opérait Éon par l'intervention du démon. Je dois dire, cependant, que ceux qui répètent Guillaume, ont souvent un peu embelli les faits. Éon se transportait avec une incroyable rapidité d'un lieu à un autre et en divers pays, si soudainement, dit d'Argentré, qu'il était aisé de voir que le diable le portait. Il traversait les mers en une matinée, et les jeudis, qui étaient ses jours de voyage, il allait déjeuner en Angleterre, prêcher en Poitou, dîner en Gascogne, et revenait le soir coucher en Bretagne[9]. À d'autres qui le venaient voir, il montrait des monceaux d'or et d'argent comme deux rois n'en auraient pu fournir, et il leur offrait d'en prendre autant qu'ils voudraient. Mais ces richesses n'étaient qu'illusion diabolique.

Voici, nous relate encore le bon Guillaume de Neubrige, voici ce que m'ont raconté quelques-uns de ses dévots qui, après sa mort, s'étaient mis à errer par le monde, pour faire pénitence. «Il avait à sa disposition, quand il le voulait, des pains, des viandes, des poissons et d'autres mets recherchés, et il les servait à ceux qui le venaient trouver[10] Mais tous ces mets n'étaient ni réels ni solides; ce n'était que du vent et une matière aériforme dont l'effet, par une vertu secrète, était d'abuser et de séduire les âmes, plutôt que de les sustenter, et la preuve qu'il en était bien ainsi, c'est que vous aviez beau vous remplir de cette victuaille toute votre plénitude s'évanouissait par un petit»... en un petit... Comment dirai-je, moi, humble mais cependant consciencieux traducteur de l'original latin?

Il ne faut qu'un mot, un petit mot en trois lettres, une voyelle entre deux consonnes, une seule syllabe; c'est bien court, et tout serait expliqué. – Oui, mais si court qu'il soit, ce mot ne se doit dire devant gens délicats, ce serait scandaleux. – Voyons, Dom Gervaise, vous qui êtes parisien, comment vous êtes-vous tiré de ce passage scabreux? – Tout s'évanouissait, dites-vous, «pour peu

---

[9] Vérusmor, *Voyage en Basse-Bretagne*, p. 15.
[10] Dom Gervaise, qui traduit Guillaume de Neubrige, mais en amplifiant, dit: «Lorsqu'ils étaient avec lui dans des lieux déserts, il faisait paraître tout à coup une si prodigieuse quantité de pain, de viandes, de vins, poissons et même des plus exquis, qu'on aurait dit qu'il y en avait plus qu'il n'en fallait pour rassasier une armée de cent mille hommes.» *Vie de Suger*, t. III, p. 199.

qu'on se donnât du mouvement ». – Ah! vous n'y entendez rien, Dom Gervaise parisien, ce n'est pas ainsi que s'évanouissait le dîner. – Et vous, prudent et discret messire d'Argentré, comment avez-vous rendu l'affreux mot latin ? – « Tout s'évanouissait à la moindre haleine », dites-vous. Oh! c'est bien vague, et nous ne comprenons point à demi-mot, car l'haleine est si diverse, il y en À de tant de sortes : courte, longue, forte, douce, embaumée, rare, épaisse, aigre, piquante, etc., etc.

Voyons, lecteur, peut-être comprendriez-vous le latin de Guillaume, et vous et moi serions tirés d'embarras; je vais donc vous le servir. Tout s'évanouissait, dit-il, en un moyen « *ructus* ». – C'est fâcheux, mais je ne sais pas le latin, je n'entends rien à. ce « ructu ». – Eh bien! n'y mettez pas trop de mauvaise volonté; j'espère au moyen de ce « ructu » vous faire entrevoir, et même vous faire dire, en bon français, le nom du phénomène, et la bienséance sera sauvegardée.

Prenons donc ce rustaud « ructu » et opérons sur son corps quelques vivisections, ablations et substitutions réformatrices, pour le dégrossir et lui donner la tournure policée d'un mot français.

D'abord mettons-lui un *o* en place du premier *u* et d'un trait de plume séparez le dernier. Il vous reste un vocable de quatre lettres, qui dit la chose d'une façon fort expressive, mais en vieux langage. – Comment! vous exigez le dernier perfectionnement, la forme la plus moderne, la plus adoucie, la plus efféminée, le mot tel qu'on l'écrit et le chante à l'Académie..... des Curieux de la Nature[11] aux jours de réception et de gala! Eh bien! puisque vous vous acharnez sur l'infortuné « ructu », enlevez-lui ce c qui vous est cacophonique à l'excès. Lisez maintenant, et prononcez bien bas, car le mot ronflant et sonore dit chose abominable, et à moins que vous ne soyez des convives du Seigneur de l'Étoile, ce qu'à Dieu ne plaise, ne vous avisez pas, pour montrer que vous avez compris, de donner à la compagnie une leçon de choses[12].

Donc, toute votre plénitude s'évanouissait en un... de force moyenne (*modico*), et on ressentait une telle faim, qu'il fallait recommencer tout de suite à manger.

Ceux que le hasard amenait en cette compagnie, et qui, s'asseyant à cette table diabolique, prenaient un tant soit peu de ces mets, perdaient le sens et s'adjoignaient à cette bande méprisable. Parfois les seigneurs avaient essayé d'arrêter les brigandages d'Éon, mais sans aucun succès. Ceux même que l'on envoyait

---

[11] Célèbre Académie fondée en Bavière vers 1652, par le médecin Baush. ⊠ Ce n'est pas de celle-là qu'il s'agit ici.
[12] Voir *Don Quichotte*, par Louis Viardot, 1837, t. II, ch. XL, III, p. 444.

contre lui pour s'emparer de sa personne, ou ne parvenaient pas à le découvrir, ou gagnés par cette vaine apparence de grandeur, et achetés par son argent, restaient avec lui. Ces avantages augmentaient encore sa renommée de sorcier et d'habile magicien, et confirmaient cette opinion qu'il était en communication avec monseigneur Satanas. Peut-être aussi que les seigneurs voisins ne mettaient pas grande activité à poursuivre Éon, eux aussi rapinaient sur les maigres territoires de chasse qu'ils se répartissaient. En somme, le peuple était pillé et saccagé par ceux qui devaient être ses défenseurs. (Voir les historiens de Bretagne pour cette époque). Cependant, il parait que Conan III, duc de Bretagne, envoya des troupes contre la bande éonienne, et que l'on sévit sans miséricorde contre ceux qui furent pris.

Enfin, pour en revenir aux merveilleuses prouesses d'Éon, on raconte qu'un seigneur, parent de ce pestiféré, vint le trouver un jour, pour l'exhorter à renoncer à cette honteuse existence, et à rentrer dans la voie du bien et dans la communion chrétienne. Mais lui, arrêtant malignement son homme, lui montra sous diverses formes une immense quantité de richesses fantastiques, comptant le prendre par cet appât séducteur. – Mon parent, lui dit-il, prenez de ceci tout ce que vous voudrez, et autant qu'il vous conviendra. – Cet homme prudent se garda de rien accepter. Mais un de ses écuyers ayant vu un magnifique épervier désira l'avoir, il le demanda, et on lui en fit présent; ce fut pour son malheur. Très satisfait, il emporte l'oiseau et rejoint son maître. – Lâche bien vite ce que tu tiens là, lui dit celui-ci, ce n'est pas un oiseau comme il te semble, c'est un démon qui A pris cette forme. – Il ne tarda pas de paraître que c'était bien vrai. Ce mal avisé ne tint nul compte de l'avertissement. Voilà qu'il sentit d'abord que les griffes de l'épervier lui serraient le poing un peu fort, et bientôt l'oiseau le tenant accroché par le bras, l'éleva dans les airs, et on ne le revit plus.

Vérusmor nous donne le pendant de cette histoire.

« Une autre fois, dit-il, Éon s'éprend d'une demoiselle de Moncontour. La jeune fille résiste à ses séductions. Une alouette aux ordres d'Éon l'enlève dans les airs, et du haut des nues la laisse tomber sur le branchage d'un chêne, où l'infortunée se met en pièces » (*Voyage en Basse-Bret.*, p. 16).

III

Les pratiques nocturnes, suspectes et souvent peu édifiantes du seigneur de l'Étoile et de sa bande aux alentours de Barenton, entretinrent cette croyance que les garous, les sorciers, et toutes ces incarnations des esprits malins aimaient à rôder dans ces parages, et contribuèrent à jeter sur ces lieux un mauvais renom de sorcellerie, dont les habitants de Concoret, bourgade voisine de la forêt et de Barenton, sont encore victimes aujourd'hui, car on les appelle des sorciers, les sorciers de Concoret, comme on dit. Éon, probablement, n'était pas sens quelques accointances avec les gens de Concoret. Un village de cette paroisse porte encore le nom de la Rue Éon, soit parce que notre Éon y reçut le jour, comme le rapporte le chanoine Mahé, soit parce qu'il y habita tout simplement, soit par tout autre motif. Le chef de bande y fit vraisemblablement de bonnes recrues, le sorcier y forma des initiés et y trouva des compères. C'est là sans doute l'origine du sobriquet qu'on inflige, même de nos jours, à leurs descendants. Ne leur trouverait-on point aussi quelques successeurs ?

Le village de Haligan en Concoret et à petite distance de Barenton et de la Rue-Éon était naguère encore, dit-on, repaire de sorciers, héritiers peut-être d'Éon et de ses secrets. On cite des noms, et on y montre des maisons isolées, habitées par des familles de cultivateurs dont certains membres sont ou étaient sorciers, et ils le faisaient bien voir, allez ! — Bonnes gens qui charroyiez quelque lourde futaille de bon cidre, et vous châtelains du voisinage qui partiez en voiture fringante, vos chevaux vous ont laissés parfois embourbés jusqu'au moyeu dans la mare du chemin, n'est-ce pas ? Gestes et objurgations n'y faisaient; il mouillait, le pied glissait sur la terre grasse, la nuit tombait, et les roues enfonçaient toujours sur place; personne aux environs pour vous donner un coup d'épaule et vous dégager. Vous vous en souvenez ?

Sachez donc que tout cela était tour de sorcier. Pendant que vous suiez sang et eau pour vous dépêtrer, il y avait par là, rôdant derrière les talus et les haies, quelque madré compère renard, au renom quelque peu suspect. Votre langue n'en avait-elle point médit l'an passé ? Eh ! eh ! fouillez bien en votre conscience. Le malin, lui, ne l'avait point oublié, et il vous tenait en réserve, pour la prochaine occasion, quelque bon maléfice de sa façon. À cette heure sa malice opérait, soyez-en sûrs, et il riait bien sous cape en voyant chevaux et charretiers exténués, et vouant à tous les *déables* la mare malencontreuse. Il finissait pourtant par venir prendre la bride, et, chose incroyable, sous sa main l'attelage presque sans effort sortait du mauvais pas. C'était encore le sorcier, n'en doutez point; il avait bien voulu dénouer le sort, et voilà comment et pourquoi cette nuit vous avez couché dans votre lit et non à la belle étoile.

Il circule d'autres histoires du même genre.

Eh ! père Mathurin Kelconk, appelle en courant, au milieu de la nuit, une bande de jeunes Haliganais pleins d'ardeur, le feu est chez Laurent au bord de la lande, venez bien vite avec nous travailler à l'éteindre. – Courez-y si vous voulez, vous autres, moi, je n'ai pas besoin d'y aller ; d'ici j'en ferai autant que vous, et je l'éteindrai bien si je veux. – Les autres galopent à l'ouvrage. Mathurin monte dans son grenier et regarde la meule de paille qui flambe à une bonne demi-lieue. Il se met à prononcer quelques paroles apprises on n'ose dire de qui, et il redescend se coucher. Les jeunes gars en arrivant trouvent la barge réduite en cendres, et le feu éteint faute d'aliment. C'était le père Mathurin qui avait opéré, sans lui la maison d'à côté aurait brûlé bien sûr ; mais il est sorcier réputé, et il avait dit qu'il éteindrait le feu sans sortir de chez lui, et il À vrai fait comme il avait dit. – Autre. Je vous ai déjà prévenu, père Lasnier, que votre chèvre grimpe sur mes talus et les dégrade. Si vous ne l'en empêchez, je lui enverrai une balle. – Envoyez, Monsieur Germain, puisqu'elle vous fait dommage, répond l'autre sans s'émouvoir. Donc, M. Germain, quelque jour, lâcha un coup de fusil contre la chèvre mal gardée ; le poil vola, mais elle ne fut pas même blessée. Parbleu ! le père Lasnier était sorcier : il avait détourné la balle, voilà tout, c'est bien simple. Etc., etc.

Tout cela, vous dit-on, se passait il y a assez longtemps déjà ; mais les noms des personnages circulent encore dans le pays. Ils me sont connus, mais je les tais. On prétend encore aujourd'hui, que les gens qui passaient pour s'adonner à la sorcellerie dans certains villages de Concoret, possédaient des livres où ils apprenaient leur art et leurs pratiques. « On ne sait pas trop d'où ils leur venaient, me racontait une femme ; ils venaient sans doute du démon. Ce n'est pas que ces sorciers fussent méchants et fissent du mal ; mais ils en auraient pu faire beaucoup avec leur savoir s'ils avaient voulu. C'est pourquoi on s'efforçait de détruire leurs livres. Il y a à la Chauvelaie un puits où on en À jeté un grand nombre et qu'on À comblé, et aujourd'hui on ne sait même pas où il est »[13].

IV

Revenons maintenant à Éon.

Personne n'hésitera à reconnaître que ces contes absurdes, ces interventions du diable invoquées pour expliquer des choses bien naturelles pourtant, telles que le butin amassé, les richesses dont Éon faisait parade, l'abondance, les banquets

---

[13] Outre les sorciers de Concoret, il y a aussi les sorciers de la Madeleine. Voir OGÉE MARTEV., art. Carentoir.

et la joyeuse vie où il entretenait sa bande pillarde ; ou bien encore des faits impossibles, comme l'histoire de l'épervier, ne sauraient être mis à la charge d'Éon ; il lui en reste d'ailleurs assez lourd à porter. Ces contes sont l'œuvre de gens simples, ignorants et crédules ; et un grave historien anglais, le bon Guillaume de Neubrige, accepte de confiance tous ces produits d'imagination comme des faits réels, n'émet pas le moindre doute, et couvre le tout de l'autorité de son nom. Cependant Robert du Mont, abbé du Mont Saint-Michel au Péril de la Mer en 1154, contemporain d'Éon et de Guillaume de Neubrige, est loin d'être aussi crédule que l'historien anglais, et il dit avec beaucoup de sens et de prudence : « Quant à ce qui est des actes, des paroles que l'on attribue à Éon, des prestiges et des enchantements qu'il opérait, mieux vaut se taire que d'en parler »[14].

Mais voici qui deviendrait incroyable, s'il n'y en avait de nombreux et imposants témoignages. Éon en vint à se prétendre le fils de Dieu, et être celui qui doit venir juger les vivants et les morts. Il paraît que dans cette formule qui termine les exorcismes de l'Église : *Per eum qui venturus est judicare vivos et mortuos, et sæculum per ignem;* et dans cette autre à la fin des oraisons : *Per eumdem Dominum nostrum Jesum Christum, etc.* le mot Eum se prononçait à cette époque comme le nom d'Eon, ou vice versa, ainsi que le témoignent beaucoup d'auteurs ; or c'est d'après ces paroles que le peuple entendait répéter dans les églises, et c'est sur une pareille confusion de mots qu'il fonda sa prétendue hérésie, si de telles extravagances peuvent s'appeler hérésie ! Il se rencontra pourtant des gens pour y donner créance ; et comme toute insanité est contagieuse et s'enracine dans les esprits plus facilement que la vérité, Éon trouva de nombreux prosélytes à qui il sut inspirer une telle foi et un tel entêtement, que beaucoup dans la suite souffrirent la mort en témoignage.

Cette impudence de se faire croire le fils de Dieu, était-ce folie, était-ce calcul chez Éon ? S'il était de bonne foi, s'il se croyait le Fils de Dieu, c'était assurément preuve de démence renforcée, et c'est le jugement que portent plusieurs historiens. Mais si c'était calcul, s'il spéculait sur la sottise humaine pour augmenter son prestige aux yeux des populations, c'était le rôle d'un misérable imposteur, et non point d'un pauvre d'esprit. C'est ce dernier sentiment que laisse entrevoir le chanoine Mahé. « Il crut, dit-il, ou feignit de croire que c'était lui qui devait juger les vivants et les morts. » Cette opinion du savant abbé, qui semble disposé à voir dans Éon autre chose qu'un personnage grotesque, imbécile, mais audacieux, ainsi que le représentent la plupart des historiens, ne me paraît point sans

---

[14] Recueil des Historiens des Gaules et de la France, par les Bénédictins, Tome XIII, p. 291. Ex Roberti De Monte, *Appendice ad Sigebertum.* Anno MCXLVIII.

fondement. En effet, pour savoir imposer à la multitude et se faire pendant trois ou quatre ans, au moins (1144-1148), chef de bande redoutable, pour échapper aux poursuites des seigneurs des environs, et enrôler dans sa troupe leurs propres soldats, pour exalter des fanatiques au point qu'ils subissent le martyre plutôt que de répudier le chef et ses doctrines, il faut être pervers sans doute, mais non pas absolument obtus et stupide.

Levot[15] nous montre Éon comme un révolutionnaire systématique, comme l'apôtre prématuré du socialisme. «Pour comprendre son rôle, dit-il, il faut se reporter à son temps. Il n'y avait aucun droit alors qui protégeât la société; les barons bretons étaient devenus de véritables brigands. Dans cette horrible anarchie, en l'absence de tout droit écrit et en action, il est probable que des milliers d'hommes s'étaient jetés dans la vie sauvage, mais personne n'avait érigé en principe ce déplorable système. Éon le fit, il proclama la maxime : *tout à tous.* »

Je ne sais sur quoi sont fondées ces assertions. Mais c'est relever bien haut le bandit Éon, et bien idéaliser le motif de ses actes. Je doute que les systèmes sociaux et les théories du progrès aient jamais beaucoup préoccupé le seigneur de l'Étoile. C'était avant tout, et sans le savoir, un positiviste praticien; il voulait jouir, et d'instinct il savait que celui-là prend et possède qui est le plus fort. Il agissait d'après ce sentiment. Tel était son moyen d'arriver au but; mais, d'ordinaire, cela ne s'appelle pas faire de la philosophie transcendante.

V

Voilà donc Éon chef de secte et chef de bande; ce cumul non seulement ne nuisait point à ses affaires, mais au contraire, lui donnait une sorte de prééminence sur ses confrères, qui n'étaient que simples chefs de bande, il affecte de se revêtir des riches ornements sacerdotaux qu'il À volés aux églises et aux monastères, pour en imposer à ses sectateurs en leur montrant ainsi une majesté d'emprunt (Dom Morice). Son impudence alors n'a plus de frein; et pour en donner une idée, je ne puis mieux faire que de produire un passage d'un écrivain contemporain anonyme. C'est l'annaliste de *l'Auctarium gemblacense,* qui À consigné brièvement les événements principaux survenus de 1137 à 1149. Voici ce qu'il dit. Je traduis :

«Année MCXLVI. – L'hérésie des Eunites pullule dans les pays bretons. Leur chef, homme d'un esprit perverti, se nommait Éon. Bien que sans aucune ins-

---

[15] *Biographie bretonne*, art. Éon.

truction et ignorant au point de savoir à peine ses lettres, cet homme vil et souillé se met à discourir et à controverser sur les choses divines ; sans avoir reçu les saints ordres, par une criminelle audace, il célèbre la messe d'une manière indigne, consommant ainsi l'erreur et la ruine de ces hommes déjà perdus. Il sacrait pour sa secte des évêques et même des archevêques, et faisait nombreuses choses abominables et contraires aux lois divines. Enfin, rempli de l'esprit diabolique, il se précipita dans une telle insanité, qu'il disait et forçait à croire qu'il était le Fils de Dieu, affirmant qu'il était cet *Eum* désigné par ces paroles que le prêtre prononce à l'église, à la fin de la Collecte générale : *Per Eumdem Dominum nostrum*. Quant à toutes ces choses exécrables que ces hérétiques appelés Eunites, c'est-à-dire sectateurs d'Éon, accomplissent en cachette, il est bon de les couvrir du silence à cause de l'horreur qu'elles inspirent, et pour qu'elles n'engendrent pas le mal chez les personnes faibles qui viendraient à les apprendre »[16].

Ses disciples, Éon les rangeait en catégories, les qualifiait Chérubins, Apôtres, Saints ; il donnait à chacun des noms d'anges et d'apôtres et des dénominations magnifiques qu'ils avaient l'aveuglement de prendre au sérieux ; il appelait les uns Science, Domination, Terreur, Sagesse, Jugement, et ainsi des autres ; imitant sans le savoir, sans doute l'hérésiarque Valentin, l'un des chefs de l'hérésie des Gnostiques[17].

Il y a cependant un singulier rapprochement à faire.

Ce célèbre hérésiarque, né en Égypte au IIe siècle, imagina un système ressemblant à celui des Gnostiques. Du reste, ceux qui se croyaient supérieurs aux simples chrétiens se décernaient le nom de Gnostiques.

Voici ce qui dans ce système présente quelque intérêt pour le sujet qui nous occupe. De l'immensité de Dieu, que Valentin appelle Plerosina, émanent trente natures divines éternelles, des Æons (Éons) (de Αιων, éternité), et auxquelles il donne des noms qui marquent leur attribut essentiel, comme : Profondeur (Βυθος), Pensée (Εννοια), Esprit (Νοος), Vérité (Αληθεια), Verbe (Λογος), Grâce (Καρις), Vie (Ζωη)[18].

Ces Éons de Valentin et son système d'émanations divines furent-ils absolument inconnus à notre Éon de l'Étoile ? La similitude de son nom avec les Éons n'aurait-elle pas, pour un peu, éveillé chez l'imposteur l'idée d'en abuser, et de

---

[16] Ex Auctario gemblacensi. Dans *Recueil des Historiens des Gaules*, par les Bénédictins. Tome XIII, p. 273.
[17] MAHÉ, D'ARGENTRÉ.
[18] MORERI, *Dict.*, MDCCLIX, au mot Eones.

se comparer, lui et ses sectaires, aux Éons de Valentin ? On A trop répété qu'Éon n'était qu'un dément, un pauvre d'esprit et un être grossièrement ignorant, pour que de telles suppositions rencontrent quelque créance. La question serait de savoir si on A eu raison de le tant ravaler.

J'ajouterai ici une citation où ce : *Per Eum* des oraisons apparaît sous une autre forme, et où, cette confusion du nom d'Éon avec le Fils de Dieu, A pour origine le mot grec Αιων : éternité (aiôn, eon).

« Concilium remense… fuit etiam contra quemdam nomine Eonem qui se magnum prophetam, imo vero Dei Filium per quem omnis oratio concludebatur, cum diceretur per Αιωνα, *etc, prædicabat, et ex suis discipulis alios constituebat Angelos, alios apostolos. – Eudo de Stella qui se dicebat esse Christum obiit anno 1148*[19].

Je vais relater quelques autres fragments historiques qui se rapportent à notre sujet ; ils présentent de l'intérêt, ils sont d'ailleurs rarement cités.

a) Chronicon Britannicum ex collectione veteri MS. Ecclesiæ Nannetensis.

MCXLV. – *Bernardus Caphat A suo nepote dolo interficitur. Obiit Lucius Papa, cui successit Eugenius. Cometa visa, hyems tepida et arbores fuerunt steriles.....*[20] *cremantur, quibusdam gladio et fame peremptis, et aliæ multæ heremitarum mansiones in Brefrelien* (c'est Brecilien) *et aliis forestis A quodam hæretico ipsas forestas cum multis sequacibus habitante quem…*[21] *tantum sequebantur. Qui inter cœteras hæreses Deum se faciebat, in cujus etiam fidei, immo hæresis perseverantiâ multi per diversas provincias, præsertim in Aletensi Episcopatu diversa usque ad mortem pertulere supplicia. Eudo erat nomine de pago Lodiacense ortus*[22].

b) Pierre Le Baud ou Le Bault rapporte à peu près les mêmes faits, d'après le manuscrit ci-dessus, mais comme sans doute il l'avait vu avant son altération, son texte est sans lacunes ; seulement, au lieu d'assigner ces faits, à l'année 1145, il les assigne à l'année 1144.

1141. – Et en celuy au selon les dits Annaux (Annales) furent bruslées plusieurs maisons d'Ermites en Brecclien et es autres forests ; et les habitans occis

---

[19] Gilb. Genebrard, *Chronographia*, MDLXXXV, p. 617.
[20] Lacune du texte.
[21] Lacune.
[22] Dom Lobineau, *Histoire de Bretagne*, t. II, col. 33 et 34. – Dom Morice : *Preuves*, t. I, col. 5. – *Recueil des Historiens des Gaules* (dom Bouquet), t. XII, p. 558.

par faim et par glaive; lesquels ermites ensuivaient l'erreur d'un hérétique habitant celles forests avec plusieurs autres complices qui l'ensuivoient. Lequel hérétique entre ses autres hérésies se faisait Dieu: en la foy et persévérance de laquelle hérésie plusieurs par diverses provinces, principalement en l'Evesché d'Alethense *(Saint-Malo)* souffrirent divers tourments jusqu'à la mort; et estoit le nom de celuy hérétique, Eudon, né du pays de Lodéac. En ce même an aussi fut veüe la comète, et l'aer fut moult pluvieux et moueste, et les arbres stériles. – (Pierre Le Baud, *Histoire de Bretagne*, MDCXXXVIII, p. 182.)

c) Albéric, évêque d'Ostie et légat du Saint-Siège en France, vint en Bretagne pour s'informer de l'hérésie et arrêter sa propagation[23]. C'est ce que nous apprend une lettre que lui adresse Hugues, archevêque de Rouen, qui se rencontra avec lui en Bretagne. Voici un fragment de cette lettre.

« J'aime à me rappeler, dit-il, comment aux confins des Gaules, près de la mer britannique, dans la cité Nantaise, il nous fut donné de vous assister. Là, devant une nombreuse assemblée de fidèles, vous fîtes en grande pompe et avec action de grâces la translation des corps des deux frères martyrs Donatien et Rogatien[24]. C'est là qu'avec vous nous vîmes cette comète[25] qui s'abîmait dans la mer, présageant par là la ruine de l'hérésie qui infestait alors l'Armorique. À votre prédication orthodoxe, cette plèbe hérétique ne pouvait résister, son chef eut peur et n'osa se montrer. Il vous plut ensuite de nous engager à écrire au sujet des hérésies naissantes, ce que nous avons entrepris pour obéir à votre volonté, mais dans un traité succinct et d'une manière abrégée »[26]

Ce prétendu triomphe sur les hérétiques est une flatterie permise dans une lettre, mais ne saurait être pris comme vrai. Si Albéric prêchait en Bretagne en 1145, c'est-à-dire l'année de la comète, l'hérésie n'était pas encore éteinte en 1148, trois ans plus tard, époque de la condamnation d'Éon au Concile de Reims.

Il suffit de lire cette lettre pour se faire une juste idée de ce que son auteur À voulu dire par ces mots: Cette comète qui s'abîmait dans la mer, présageant par là la ruine de l'hérésie; c'est un rapprochement, une figure, une fleur de style. Quelques écrivains ont eu le tort de prendre à la lettre cette manière de dire, et c'est pour eux l'occasion d'une sortie contre la simplicité d'un prélat qui jugeait

---

[23] Dom LOBINEAU, *Hist. de Bret.*, t. I, p. 150. – Dom Morice, *Hist. de Bret.*, t. I, p. 100.
[24] Leurs restes furent exhumés et transportés dans l'église-cathédrale.
[25] Cette comète mentionnée à l'année 1145 dans la *Chronique Britannique*, et à l'année 1144, par P. LE BAULT, *Hist. de Bret.* Voir ci-dessus.
[26] Voir le texte Appendice.

de l'avenir par le cours des astres. Ambroise Paré, qui n'avait pas de préjugés, puisqu'il était médecin et surtout puisqu'il était huguenot, voyait pourtant au XVIᵉ siècle bien d'autres choses dans les comètes tant il est vrai que chacun subit en son temps la mode des croyances autant que celle des costumes, mais l'on se garde bien de crier à la superstition contre lui.

À l'instigation du légat Albéric, Hugues, l'archevêque de Rouen, composa donc un traité contre les hérésies du temps. Ce traité se trouve à la suite des œuvres de Guibert de Nogent publiées par Luc d'Achery (p. 691-714), – dans la *Patrologie latine* de Migne, t. CLVI.

On ne rencontre dans cet ouvrage, qui est divisé en trois livres, aucune allusion spéciale contre Éon et les Éoniens, dont le nom n'est pas cité. C'est un exposé assez diffus du dogme catholique, indiquant la droite voie à suivre par les fidèles et de laquelle on ne doit pas diverger, sous peine de se perdre.

VI

Quelqu'un, dit l'abbé Mahé, À prétendu que le but d'Éon était de rétablir le Druidisme. On ne voit guère ce qui À pu suggérer une pareille idée qui, si elle avait quelque fondement, relèverait un peu le caractère d'Éon. Cette supposition, dit Levot (*Biograph. bret.*), À peut-être pour origine l'affection d'Éon pour la forêt de Brécilien et la fontaine de Barenton. – Mais il ne suffit pas de vivre dans les profondeurs des bois avec une troupe de spadassins; de se donner rendez-vous près d'une fontaine magique; de se livrer à des pratiques de sorcellerie; de tuer parfois son semblable, soit par amour de son bien, soit par amour d'Esus ou de tout autre dieu sanguinaire, pour être réputé sectateur des Druides. S'il n'y avait que cela dans le druidisme, cette religion serait encore vivace, au moins dans le cœur de bien des gens; mais c'est tout un système de philosophie, et comme le dit le chanoine Mahé, celui qui se donnait comme le Fils de Dieu et le juge des vivants et des morts, ne peut guère être considéré comme un adepte des druides. D'ailleurs, aucun document historique ne vient donner appui à cette opinion.

L'auteur auquel le docte chanoine Mahé fait allusion est sans doute M. Poignand de Montfort, archéologue érudit, qui À laissé d'excellentes notes concernant les antiquités du pays. Voici ce qu'il dit au sujet d'Éon:

«Le fameux Éon de l'Étoile semble avoir voulu rétablir les maximes de l'antique religion druidique dans la forêt de Brécilien. *(En note.)* [«Cette forêt de

Brécilien À été mal à propos supposée être la forêt de Lorges près Loudéac, parce que Éon de l'Étoile se trouvait natif de Loudéac. »]

« Il essaya de devenir prophète là où Merlin l'avait été….. Les disciples étaient des personnes crédules qui avaient été fanatisées, et leur maître était un illuminé ou un intrigant, mais ce n'était ni un magicien, ni un imbécile, quoique l'on ait publié contre lui cette double accusation dans des livres trop peu réfléchis…..

Le Gouvernement de la Bretagne était alors faible et divisé par suite de la mésintelligence qui existait entre le duc Conan III et son épouse, dont il finit par désavouer l'enfant qui devait hériter du duché. Plusieurs partis se formaient en secret et cherchaient à se former pour se préparer à la guerre civile qui était imminente. Il est probable que l'un de ces partis voulut essayer les effets qu'aurait pu produire l'ancienne religion druidique dans les environs de la forêt de Brécilien, où elle s'était conservée plus longtemps que partout ailleurs.

(En note). [« Le Druidisme, première religion des Gaulois, avait été détruit ou tout à fait dénaturé pendant les cinq siècles de la domination romaine; mais il fut momentanément rétabli en Bretagne dans le petit royaume de Domnonée, fondé par les Gaulois émigrés qui revinrent d'outre-mer après l'expulsion des Romains. La tradition est que le chef-lieu de leur gouvernement aurait été Gaël, et que le principal siège du culte druidique rétabli par eux aurait été dans la forêt de Brécilien, qui se trouve à côté. Leur grand pontife Merlin, sur lequel ont été faits tant de contes et de romans, doit y avoir été enterré ainsi que son épouse Viviane, vers la fin du Ve siècle. Cette antique religion s'y conserva encore longtemps après, et ne fut abolie que par le roi domnonéen, saint Judicaël, vers le milieu du VIIe siècle…

« C'était donc vraisemblablement les restes épars des anciens sectateurs du druidisme qu'avait cherché à rallier Éon de l'Étoile dans les environs de la forêt de Brécilien[27]. »]

Comme Éon n'était pas de médiocre naissance (*non infimi generis*, Guill. de Neub.), ses proches et ses amis ayant inutilement tenté de le ramener aux saines pratiques de la religion, cherchaient à le renfermer, afin d'arrêter de tels scandales, mais ils n'y parvenaient point.

Ce fut principalement en Bretagne et surtout dans l'évêché de Saint-Malo, dont Bréchéliant faisait autrefois partie, que la secte d'Éon se propagea. Il y eut aussi des Éonistes en Gascogne et probablement dans toute la partie occidentale

---

[27] POIGNAND, juge à Montfort, *Antiquités historiques et monumentales*. Rennes, 1820, p. 89-90.

de la Gaule, ce que l'on ne manqua point d'attribuer à la grossièreté et à l'ignorance, à la stupidité *(stulticitas),* comme dit Othon de Freisingen, de ces populations trop éloignées du cœur de la France, pour que la lumière qui en émane puisse y parvenir[28]. Dom Gervaise, parisien, fait chorus avec le Bavarois Othon, et ne perd pas l'occasion de pousser une note bien accentuée. « Il séduisit, dit-il, une grande multitude de peuple ignorant de son pays, susceptible, comme on l'a vu dans tous les siècles, de toutes les erreurs les plus éloignées du bon sens ; et comme le démon s'empare facilement de ces sortes de génies, il faisait avec ce secours infernal plusieurs choses extraordinaires que les Bretons prenaient pour autant de miracles. » (*Vie de Suger,* t. III, p. 195).

Cet irréfléchi et mal endurant trappiste, qui nous jette ainsi son fiel, ne croyait-il pas, lui, à la puissance surnaturelle de l'abbé Joachim – oui, l'abbé Joachim – dont les miracles, dit-il, sont les plus grands qu'il y ait eu, si l'on en excepte peut-être ceux de Jésus-Christ.

Sans chercher à innocenter le seigneur de l'Étoile des abominables et si nombreux forfaits dont sa mémoire reste chargée, néanmoins nous devons en toute équité faire remarquer pour sa décharge que les historiens ne relèvent contre lui que des crimes de sacrilège et d'impiété d'une part, et d'autre part des vols, des pillages, orgies, et peut-être de la débauche. Mais nous ne lisons point qu'il ait commis massacres, meurtres, assassinats, cruautés, incendies. Il lui fallait argent et victuaille pour entretenir sa bande qui, elle, ne se repaissait pas de fantastique, mais qui exigeait de solides et copieux festins ; et pour lui, le chef et le grand pontife, il lui fallait de riches ornements sacerdotaux pour jouer dignement le rôle de fils de Dieu, et de juge des vivants et des morts. C'étaient principalement les églises et les monastères qui de force subvenaient à son faste.

Voilà le seigneur de l'Étoile parvenu au plus haut degré de sa grandeur ; suivons-le maintenant dans sa décadence et jusque dans sa misérable fin.

---

[28] Otto frisingensis.

II. — ÉON DEVANT LE CONCILE

I

Enfin les méfaits et les extravagances impies d'Éon devaient avoir un terme. Le démon qui jusque-là lui avait prêté son aide la lui retira ; et trahi par le diable lui-même, *fraudatus ope dæmonum,* dit Guillaume de Neubrige, il dut succomber. En effet, il fut arrêté. Selon la plupart des historiens il le fut par l'archevêque de Reims, et ils n'ajoutent pas d'autres détails[29]. Guillaume de Neubrige dit seulement que ce fut pour l'archevêque chose facile. D'après cela, on serait porté à supposer que Éon et sa bande, ainsi que l'insinue *la Biographie Michaud,* se trouvaient dans ce temps-là, sur le territoire dépendant de l'archevêché de Reims, en Champagne. Cela me semble peu probable. J'ai peine à croire en effet que Éon se soit avancé si loin, sans laisser trace de son passage dans les pays intermédiaires. Le récit de d'Argentré et celui du chanoine Mahé, qui en est l'abrégé. me paraissent bien plus vraisemblables. C'est donc le récit de d'Argentré que je suivrai. Voici les faits.

Le pape Eugène III avait convoqué à Reims, pour l'année 1148, un concile général où il présida lui-même, et auquel siégèrent près de onze cents dignitaires de l'Église, archevêques, évêques et abbés[30]. Il s'agissait de régler différentes affaires, notamment celle de Gilbert de la Porée, évêque de Poitiers, qui soutenait quelques subtilités erronées renouvelées d'Abailard[31]. Le pape demeura à Reims jusqu'au 18 avril de cette année 1148[32] ; ce fut sans doute la fin du concile[33].

Voici ce que dit d'Argentré. « Finalement venant le pape Eugène de France au Concile de Reims où il présida, la réputation d'Éon n'étant pas petite, le bruit en

---

[29] Guillaume De Neubrige. — Dom Lobineau. — Dom Morice. — Longueval Et Fontenal. — Fleury. — Ellies Du Pin. — Michaud.
[30] *Auctarium gemblacense.*
[31] Gilbert Génébrard, *Chronographia,* p. 617.
[32] *Recueil des Historiens des Gaules,* t. XV (Brial, MDCCCVIII), p. 425, note a.
[33] Dom Morice (*Hist. de Bret.*, t. I, p. 100) écrit que le concile fut présidé par le légat Albéric, évêque d'Ostie, dont il À été mention au chapitre précédent. Plusieurs historiens l'ont répété, d'après lui sans doute. C'est une erreur qu'ont relevée les auteurs de l'*Art de vérifier les dates* (Chronologie des Conciles, 1148, Conc. de Reims). Le Concile fut présidé par le pape Eugène III. D'ailleurs les biographies s'accordent à dire que le légat Albéric mourut à Verdun, en 1147, c'est-à-dire dans l'année avant le concile qui ne s'assembla qu'en mars 1148.

vint devers luy, et commanda le pape qu'il fut pris : à quoi fut donné ordre par l'archevêque de Reims, lequel par le moyen du duc[34] le fit surprendre en Bretagne, et fut amené au concile et en pleine compagnie interrogé ; où il fut cogneu qu'il estoit fort ignorant des lettres, mais qu'il avoit de vrai communication avec les malins esprits qui l'abusaient et ses disciples, faisant apparoir toutes belles choses »[35].

En même temps que Éon, on saisit plusieurs de ses principaux sectateurs, de ceux qui lui étaient plus particulièrement attachés. (Guill. de Neub.).

Un des motifs qui décidèrent le pape à réunir le concile à Reims, c'est qu'on y détenait Éon[36], et peut-être craignait-on qu'en transportant le prisonnier ailleurs, il ne réussit à s'échapper pendant le voyage[37].

Cette raison, bien qu'elle soit alléguée par Othon de Freisingen, semble difficilement acceptable. Rien ne prouve d'abord que Éon se soit avancé jusque dans l'Est de la France, et que ce soit là qu'il ait été pris, et d'Argentré dit le contraire. Robert le Prémontré (*Appendice à Sigebert*) et Baronius (*Annales*, t. XII, p. 341) disent en parlant d'Éon : *hæreticus quidam de Britannia adductus*.

En outre, le concile compta environ onze cents personnages venus de diverses contrées, France, Allemagne, Angleterre, Espagne, Italie et autres lieux (*Auctarium gemblac.* — Dom Gerv.). Or en tout temps, aujourd'hui même, et surtout à ces époques reculées, il faut de longs délais pour parvenir à convoquer et à réunir une telle assemblée. Il est donc plus vraisemblable que l'hérésiarque Eon fut conduit à Reims, pour y comparaître devant le concile indiqué pour cette ville, et non point que le concile y fut convoqué à cause de la présence fortuite d'Éon dans les prisons de Reims.

Le concile s'ouvrit dans la basilique de Notre-Dame de Reims[38], le dimanche 21 mars[39] de l'année 1148. C'était le dimanche du *Lætare*[40] ou quatrième dimanche de carême[41] ou dimanche après la mi-carême[42], (c'est tout un). D'autres

---

[34] Conan III dit le Gros.
[35] D'Argentré, *Histoire de Bretagne*.
[36] Othon De Freisingen. — Dom Gervaise.
[37] Dom Gervaise
[38] Othon De Freisingen. - Longueval Et Fontenai, *Histoire de l'Eglise gallic.*, t. IX, p. 200
[39] *Art de vérifier les dates*, Chronologie des conciles.
[40] Ex chronico Lamberti Waterlosii.
[41] Dom Gervaise.
[42] Othon De Freisingen. — Dom Gervaise.

indiquent, pour la date de l'ouverture du concile le XI des calendes d'avril[43], c'est-à-dire le 22 mars, qui était le lundi[44].

Admettons, pour tout concilier, que la cérémonie d'ouverture eut lieu le dimanche 21 mars, mais que les travaux du concile commencèrent le lundi 22[45].

Éon fut présenté au concile dès la première séance par Samson[46], archevêque de Reims, qui l'avait fait arrêter; mais selon *l'Auctarium gemblacense* il fut amené par un évêque breton. «C'était une rencontre assez bizarre dans le concile de Reims, dit le P. Fontenai, que le contraste des deux hommes dont la cause y était portée : d'un côté, Éon de l'Étoile, sorte de sectaire uniquement renommé pour son impertinence et son ignorance; et d'un autre côté, Gilbert de la Porée, le théologien de son siècle le plus raffiné et le plus versé dans la dispute[47].

On prétend que Éon avait préparé un écrit pour sa défense, soit que ce fût son propre ouvrage, soit qu'il eût été composé par quelque autre plus lettré[48].

Lobineau dit que ses écrits furent condamnés au feu comme sacrilèges[49]. On prétend, rapportent Longueval et Fontenai, qu'il ne parut devant le concile qu'avec une apologie composée[50]. Je ne sais sur quoi reposent ces assertions, sur des traditions peut-être; alors l'assertion émise doit avoir un fond de vérité. Mais en fait de renseignements historiques, on ne trouve que cette mention faite par Othon de Freisingen : *Productus fuit Eon cum scriptulis suis,* ce que l'on à sans doute généralement interprété : Éon fut amené devant le concile avec ses écrits. Nous reviendrons sur ce mot *scriptulis* qui est ambigu.

Quoi qu'il en soit de ces écrits, Éon, en homme bien avisé, préféra jouer le rôle d'insensé; c'était plus sûr qu'un plaidoyer, si habile qu'il pût être.

Il vint donc tenant à la main un bâton d'une forme inusitée; c'était une fourche sur laquelle étaient tracées des figures cabalistiques. Le pape lui ayant demandé son nom :

---

[43] ROBERT LE PRÉMONTRÉ. - BARONIUS, *Annal.*, t. XII, p. 344
[44] Fleury, *Hist. Ecclésiast.*, t. XIV, p. 658. – LONGUEVAL ET FONTENAI, *Hist. de l'Égl. gallic.*, t. IX, p. 199. – Dom GERVAISE.
[45] C'est d'ailleurs ce que dit Fr. Pagi, *Breviarium historico... Pontificum Romanor.*, 1717, t. III, Eugène III, p. 19.
[46] Samson occupa le siège archiépiscopal de 1140 à 1161. (*Gallia Christiana*, t. IX, col. 814-88).
[47] *Histoire de l'Église gallic.*, par les PP. LONGUEVAL ET FONTENAI, t. IX, p. 208.
[48] *Histoire de L'Église gallicane*, par les PP. LONGUEVAL ET FONTENAI, t. IX, p. 206.
[49] *Histoire de Bretagne*, p. 150.
[50] LONGUEVAL ET FONTENAI, *Histoire de l'Église gallicane*, t. IX, p. 206.

— Je suis, répondit-il majestueusement, le *fils* de Dieu, cet *Eum* qui doit venir juger les vivants et les morts, et le siècle par le feu.

On lui demanda encore ce que signifiait cet instrument qu'il portait, singulier pour un bâton.

« C'est chose de grand mystère, répondit-il ; tant que les deux branches regardent le ciel, comme vous le voyez maintenant, Dieu possède les deux tiers du monde et m'en cède la troisième partie. Mais, si les deux pointes du bâton qui sont maintenant en haut touchent la terre, et si je dresse vers le ciel la partie qui est simple, et maintenant est en bas, je garde pour moi les deux tiers du monde, et j'en laisse à Dieu le troisième.

« À ces paroles l'assemblée entière se mit à rire et resta étonnée de rencontrer un homme d'un jugement si perverti.

« Mais Dieu sait, dit le chanoine Mahé, si le coupable ne se couvrait pas des livrées de la folie pour y trouver une excuse à ses crimes et un moyen d'impunité. »

Cette réflexion nous semble fort sensée et contenir la vérité.

Peut-être que le concile eût méprisé de si grossières aberrations, qui sont indignes même du nom d'hérésie, et par commisération en eût relâché l'auteur, s'il n'avait dévoyé et fanatisé une multitude de gens, et s'il ne s'en était servi pour commettre nombre de sacrilèges et de crimes de toutes sortes.

D'après les auteurs de *l'Art de vérifier les dates,* ce serait quelques mois avant le concile et devant le légat Albéric et Hugues, archevêque de Rouen, que Éon aurait donné cette explication touchant son bâton[51]. Mais je crois qu'en ce point ils font erreur, parce que d'abord aucun autre historien, à ma connaissance du moins, ne relate ainsi l'anecdote. Ensuite parce que Guillaume de Neubrige, d'Argentré et autres disent expressément, que ce fut devant le concile que Éon produisit sa réponse à la question du pape. Enfin, si le légat Albéric et Hugues avaient réussi à amener Éon en leur présence, il est vraisemblable qu'ils auraient pu aussi le faire arrêter, puisque c'est à quoi tendait le duc de Bretagne, et ce qu'il essaya, mais en vain, de faire. Ensuite, Hugues ne dit-il pas dans sa lettre à Albéric que l'hérésiarque n'osa se montrer devant le légat, *Hæresiarches pertimuit, nec apparere præsumpsit.*

---

[51] *Chronologie des Conciles,* 1148.

II

Faire apparaître devant l'auguste assemblée en plein concile, Éon avec un bâton en main, et un bâton fourchu, c'est le rendre doublement grotesque. Cela, du reste, concorde bien avec le rôle de dément que, selon quelques auteurs, il soutint pendant son procès. Mais on a peut-être tort de le charger de tant de ridicule à ce sujet. D'après le peu qu'on en sait, on peut admettre que Éon fut traduit devant le concile, moins à cause de ses brigandages que pour ses aberrations en matière de foi religieuse. D'ailleurs, les explications qu'il donne au sujet de son nom et de son bâton, sont celles d'un religieux divaguant. Or, quelques éclaircissements sur l'état religieux d'Éon ne seront point hors de propos, et nous les trouverons dans le registre de l'abbé Guillotin. Je vais lui faire encore un large emprunt, et reproduire en entier les pages qui concernent Éon, à cause des détails pleins d'intérêt qu'elles contiennent.

« La Croix-Richeux n'est actuellement qu'une petite croix de bois plantée sur le chemin du Rox et de Tubœuf à Mauron ; un autre chemin conduit de cette croix à la maison de la Bossarderie, un autre aux Haies de Haligan, par la lande Forget. Il y avait autrefois, dans le même endroit, à peu près, plusieurs belles croix de pierre de grain avec des pierres tombales : celles des cimetières de Concoret et de Saint-Léry en furent tirées. Ces croix sont mentionnées dans plusieurs anciens titres. Il en est parlé dans les actes de débornements, entre les terres de Comper, du Rox et du domaine de Haligan, appartenant autrefois à Mme Maisonneuve de Tréhorenteuc. Quelques-uns ont cru que ces croix et belles pierres annonçaient un trésor caché par les Anglais avant de quitter la Bretagne, du temps du combat des Trente. Ils prétendaient que Croix-Richeux signifiait croix Riches-Lieux. Vers 1740, Mathurin Marchand, dit Lavigne, du bourg de Concoret, y fit de grandes recherches et n'y trouva que quelques restes de murailles. En 1793, le nommé Marchand, du village du Breil, en défrichant une pâture voisine, y trouva quelques belles pierres tombales et un pied de croix de pierre de grain.

« Le terrain voisin de la Croix-Richeux se nomme Moinet ; un terrain continu planté de chênes au midi, vers le Rox, s'appelle le Champ aux Moines ; un pré voisin, appartenant à la famille Morfouesse, se nomme le Purgatoire, qui signifie probablement : cimetière ; un terrain, au nord, s'appelle le Breil ou Briel qui, en vieux français, veut dire : enclos. Tout cela annonce évidemment un établissement religieux, et l'on ne peut douter que c'était dans cet endroit qu'était située la Communauté des hermites de Saint-Augustin, dont Éon de l'Étoile était membre[52] ».

Tous ces lieux portent encore aujourd'hui le même nom qu'autrefois. J'ajouterai à ces détails donnés par l'abbé Guillotin un dire que j'ai récolté par la lande, c'est que le monastère aurait été situé dans un champ appelé présentement : la Haie-Macé. On y trouve même quelques débris de murs servant de talus ; ce sont peut-être des vestiges du monastère. (Abbé Jarno, de Concoret, 1888.)

À la Prairie du Purgatoire était contigu un terrain vague appelé le pâtis du Moinet. C'était un terrain communal. Maintenant le pâtis du Moinet est séparé par un chemin de la Prairie du Purgatoire, et l'un et l'autre sont entourés de haies. (Abbé Jarno.)

Si toute la contrée à laquelle s'applique encore aujourd'hui le nom de Moinet dépendait du monastère, celui-ci devait être bien riche, car j'ai entendu plus d'une fois cette expression : les Fossés-Braz, en Moinet. Or, les Fossés-Braz sont à un kilomètre au moins de la Haie-Macé.

Reprenons le récit de l'abbé Guillotin :

« Vers 1140, Guillaume, sire de Montfort, fit bâtir la maison du Rox pour loger son châtelain de Belanton qu'il trouvait dans un lieu trop isolé et trop exposé aux brigandages[53]. Il avait en même temps le projet de transférer à Belanton les religieux dont les possessions convenaient beaucoup à ses plans, et surtout à ceux de ses agents.

« Jean de Châtillon, évêque d'Aleth, étant venu à Montfort et dans les environs faire des visites épiscopales, ce plan lui fut communiqué par le duc, et il l'approuva, soit par condescendance pour l'autorité temporelle, soit parce que la situation de Belanton est fort convenable à des Ermites.

« Les moines furent très mécontents de perdre leur position de Croix-Richeux

---

[52] J'ignore s'il existe des documents autres que la tradition mentionnant l'existence d'un couvent d'Augustins, près du Rox. En tout cas, il n'en est pas marqué sur l'atlas du P. Lubin, sans doute, parce que cet auteur n'y A indiqué que les couvents existant de son temps, c'est-à-dire vers 1650. Les seuls couvents de cet ordre marqués en Bretagne sont ceux de Vitré, Malestroit, Lamballe, Lannion, Carhaix. (*Orbis Augustinicinus…* Authore, Augustino Lubin. Parisiis, 1659.) Le Catalogue des couvents de l'ordre des Augustins par le P. LUBIN, cité par Hélyot, *Ordres Monastiq.*, t. III, p. 21, est-il un ouvrage différent ? Je n'ai pu me le procurer.
[53] M. Piédérrière, à propos des Croix-Richeux à Saint-Léry, translate dans ses notes manuscrites ce même passage du Registre Guillotin, et il ajoute ici entre parenthèses (Château dit de Ponthus). « Il avait l'intention de transférer à Barenton ou Ponthus, ajoute-t-il encore, les religieux. » Ce commentaire précise donc l'emplacement du monastère de Barenton.

et d'être transférés à Belanton. Ce lieu est à la vérité dans un bon air avec une belle perspective, mais situé au coin d'une vaste forêt et au bord d'une grande lande, éloigné de bourg et de village. Ces hermites firent éclater leurs plaintes contre tous ceux qui avaient été cause de leur changement. Un d'entre eux, nommé Éon de l'Étoile, issu d'une famille noble du pays de Loudéac, et qui à cette époque était prieur de la Maison, en fut tellement affecté qu'il tomba dans des égarements d'esprit ; il se mit à prophétiser et à débiter des extravagances. Il en fut jusqu'à se dire le fils de Dieu et le juge des vivants et des morts par une grossière allusion de son nom de : Père Éon, avec ces mots du rituel : *per eum qui venturus est judicare vivos et mortuos*. Le châtelain du Rox et autres, contre lesquels il déclamait souvent, le dénoncèrent au duc et à l'évêque d'Aleth comme hérétique et sorcier. L'évêque d'Aleth se vit obligé de supprimer la communauté de Belanton, ainsi qu'il est rapporté dans le sanctoral malouin, page 96. Éon de l'Étoile fut pris et conduit au concile de Reims qui se tenait alors. Les pères du concile trouvant qu'il était plutôt fou que sorcier ou hérétique, le firent enfermer dans un couvent pour le reste de sa vie. Il est fait mention du moine Éon et de sa sentence dans l'*Histoire ecclésiastique* de M. Fleury, à l'article du concile de Reims, année 1148.

« C'est de ce père Éon qu'est venu aux habitants de Concoret le sobriquet de sorciers. Il avait été dénoncé à l'évêque d'Aleth comme un fanatique qui faisait profession de magie. Il avait habité une maison située dans l'enceinte de Concoret ; il y conservait un petit refuge dans l'endroit qu'on nomme encore aujourd'hui la Rue Eon. Les habitants de Concoret étaient fort attachés à ces religieux et avaient défendu leur parti lors de leur translation ; ils allaient souvent les visiter et aidaient à leur subsistance. Voilà ce qui leur fit donner par les ennemis de ces Ermites et par les plaisants la dénomination de sorciers.

« Après que les hermites eurent été expulsés de Belanton, la maison et l'enclos furent démolis. On en voit encore quelques vestiges à l'entrée de la forêt. Les pierres servirent à bâtir, à un quart de lieue de là, des maisons qu'on appelle Folles-Pensées ; ce nom à peut-être rapport aux égarements d'esprit du père Éon.

« Le nom de Belanton est encore très connu dans le pays : on dit la croix de Belanton, la fontaine de Belanton, le ruisseau de Belanton, la lande de Belanton. On dit à Concoret : le vent de Belanton, qui signifie vent du Sud et Sud-Ouest et qui amène la pluie ».

L'abbé Guillotin dut rédiger cette notice sur son compatriote Éon d'après un fonds de traditions resté dans le pays ; on peut croire qu'elle se rapproche de la vérité autant que les contes des deux historiens étrangers : Guillaume de Neubrige et Othon de Freisingen, et les exagérations mal intentionnées de ceux qui écrivirent ensuite. Éon apparaît ici comme un malheureux auquel les vexations ont détraqué la raison, et qui mérite la pitié plutôt que l'exécration.

III

Revenons maintenant à notre sujet principal.

Ainsi, si on s'en rapporte à la tradition qui seule, paraît-il, en fait mention, il y aurait eu très anciennement, près de Concoret, un monastère d'Ermites Augustins dans lequel le père Éon aurait été prieur.

Il importe maintenant de connaître une particularité concernant la règle des Augustins.

L'Ordre religieux des Ermites de Saint-Augustin prétendait avoir été fondé par saint Augustin. Augustin, qui venait de recevoir le baptême, n'étant encore que simple laïc, mais brûlant de zèle, vendit ses biens et se retira avec quelques compagnons près de la ville de Tagaste, en Afrique, pour s'y livrer à la méditation et aux austérités, à l'imitation des anachorètes de la Thébaïde. Tels furent les débuts de l'ordre en 388. Quant à la règle que suivaient les premiers disciples de saint Augustin, ils n'en avaient pas d'autre sans doute, que celle de l'Évangile. Le nombre de ces religieux augmenta beaucoup ; des couvents s'établirent en Italie, mais il n'avaient point de règle commune et formaient des instituts distincts et indépendants les uns des autres. Parmi ces congrégations, les plus importantes étaient celles des Bonites, ainsi nommée de Jean Bon, leur fondateur (de Mantoue vers 1209), des Brittiniens, des Sachets, etc.

À cette époque, l'habit des Ermites de Saint-Augustin était presque semblable à celui des frères mineurs de Saint-François. Le pape Grégoire IX, en 1241, pour différencier les Augustins, régla leur costume. Leur costume fut blanc ou noir, avec des manches larges et longues, en forme de coule, et avec une ceinture de cuir ; l'habit des Franciscains était gris. De plus, le pape prescrivit aux Augustins d'avoir toujours à la main un bâton haut de cinq palmes, et fait en forme de béquille. Mais plusieurs congrégations ne voulurent pas se soumettre aux décisions du pape.

La grandeur de la palme, comme mesure, est chose assez mal déterminée ; mais si on s'en rapporte à la figure qu'on trouve dans Héliot (*Histoire des Ordres monastiq.*, t. III, pl. 2, p. 7) et représentant un religieux Augustin des premiers temps avec son bâton, ce bâton avait la hauteur d'un homme et se terminait en haut par une petite traverse, comme en ont, en effet, les béquilles.

En 1256, le pape Alexandre IV réunit les diverses congrégations qui se donnaient le nom d'Ermites de Saint-Augustin, et il les dispensa de porter le bâton. Mais cela n'eut lieu qu'en 1256, c'est-à-dire plus d'un siècle après la mort d'Éon.

Cet ordre devint extrêmement nombreux. Il compta, dit-on, jusqu'à deux mille monastères et plus de trente mille religieux, et en outre, plus de trois cents couvents de filles[54].

Il est présumable qu'avant la prescription du pape Grégoire IX, en 1241, le port du bâton en forme de béquille n'était obligatoire que dans certaines congrégations d'Augustins qui s'étaient imposé cette pratique, et que le pape entendit le rendre obligatoire pour toutes. D'après cela, on peut admettre, non sans une apparence de raison, que les religieux Augustins du Moinet, à l'époque du prieur Éon, étaient astreints à porter le bâton réglementaire lorsqu'ils sortaient de leur monastère. En se présentant devant le concile avec un bâton, Éon ne faisait que se conformer à la règle de son ordre, ce dont aucun de ses juges ne pouvait le blâmer. La forme du bâton était peut-être fantaisiste et différente de celle qu'ordonnaient les prescriptions ; c'est cette particularité, semble-t-il, qui attira l'attention du concile et qui lui parut singulière.

Mais ce n'était pas tout. On y voyait tracées des lignes, des figures cabalistiques. C'est ainsi, je crois, qu'il faut interpréter ce mot : *scriptulis* d'Othon de Freisingen : *productus fuit Eon cum scriptulis suis*. En effet, selon Lebaigue (*Dictionn. latin* 1886), *scriptula, -orum* signifie tout d'abord : lignes tracées, et secondairement écrit, pièce écrite[55].

C'est, en adoptant cette première acception, que Bertrand d'Argentré À mis dans son histoire d'Éon : que son bâton non seulement était fourchu, mais qu'il avait quelques singularités ; et de même M. de Roujoux « sur son bâton se voyaient des figures singulières »[56].

Ainsi, le bâton d'Éon le sorcier, ce n'était pas une vulgaire trique fourchue, c'était, tant à cause de sa forme que des figures qui y étaient tracées, un bâton de

---

[54] *Histoire des Ordres monastiques* par le P. Héliot, t. III, MDCCXV, p. 2 et suiv.
[55] Le mot *scriptula, -orum* ne se trouve pas dans le *Glossaire* de Du Cange ni dans le *Grand Diction. latin* de Freund.
[56] DE ROUJOUX, *Hist. des Rois et des Ducs de Bretagne*, t. II, p 160-165.

magicien, un instrument de sortilège, par la vertu diabolique duquel il comptait peut-être dominer le concile.

En outre, Éon avait-il des écrits préparés pour sa défense ? Ce n'est point impossible, car à la rigueur le mot *scriptulis* peut le laisser entendre.

IV

À la prière de l'archevêque de Reims selon les uns[57], à la prière de l'évêque breton qui l'avait amené, dit l'*Auctarium Gemblacence*[58], et aussi en considération de sa naissance (Dom Gervaise), on fit à Éon grâce de la vie et des membres, parce qu'on le considéra comme insensé plutôt que comme hérétique (Fleury. – Ellies du Pin). Mais, pour empêcher que ce pestiféré ne continuât de propager son erreur, et voulant que le délire d'orgueil de cet homme qui ne méritait pas même le nom d'hérétique, reçût sa punition, le Concile ordonna que la personne d'Éon fût remise à Suger, abbé de Saint-Denis, qui administrait le royaume pendant que le roi était retenu dans la partie occidentale de la France. Suger, rigide soutien de la foi, le fit enfermer dans une prison bien gardée où il ne tarda pas à mourir. Robert du Mont *(Append. à Sigebert),* dit que ce fut dans la tour de l'archevêque. D'après Anquetil, cette tour était attenante au palais archiépiscopal et jusqu'à sa destruction elle porta le nom de Tour d'Éon, et il ajoute : « Elle À été détruite à la fin du siècle dernier quand M. Le Tellier À fait rebâtir le palais[59] ».

Plusieurs auteurs modernes ajoutent qu'il périt par suite des mauvais traitements de ses geôliers[60]. Cela assurément est fort possible. Je dois dire cependant que je ne trouve ce détail ni dans Guillaume de Neubrige, ni dans Othon de Freisingen. – Moréri ajoute que ces mauvais traitements lui furent infligés contre l'intention des membres du Concile. Il mourut avec son sens, dit d'Argentré sans autres éclaircissements et il termine son histoire d'Éon par ce jugement : « ainsi mourut Éon de l'Estoile qui ne mérita pas le nom d'hérétique, mais plutôt d'esprit fanatique et enchanteur ».

Plusieurs de ses disciples, ainsi que plusieurs évêques du Concile, assurèrent

---

[57] Fleury, *Hist. ecclésiast.*, année 1148. – Dom Lobineau, *Histoire de Bret.* – Dom Morice, *Histoire de Bretagne.*
[58] Auctar. Gemblac., *Recueil des Historiens des Gaules*, t. XIII, p. 273. – Dom Gervaise. – Moréri.
[59] Anquetil, *Histoire de la ville de Reims.* Reims, MDCCLVI, t. I, p. 295. Fréron À donné une analyse de l'ouvrage d'Anquetil (*Année littéraire*, t. VII, p. 299. MDCCLVI), il rapporte textuellement le passage concernant Éon.
[60] Moréri.

que Éon appartenait à une des principales familles de Bretagne, mais on ignore à quelle famille. (Moréri.)

Quant aux disciples qu'on avait pris en même temps que leur chef, comme ce n'étaient que des fanatiques et des malfaiteurs de vulgaire condition, on les traita avec moins d'égards. On les exhorta à confesser leur erreur, mais ce fut en vain. Tel était leur entêtement que beaucoup se laissèrent brûler plutôt que de se rétracter. On les remit au bras séculier[61] qui les livra au bûcher; l'exécution eut lieu sur la place du grand marché de Reims[62].

Même en marchant au supplice, ces forcenés conservaient encore une telle confiance, qu'ils comptaient sur un miracle pour leur délivrance, et menaçaient leurs gardiens d'un châtiment vengeur. « Un homme vénérable qui fut présent à toutes ces affaires, rapporte Guillaume de Neubrige, m'a raconté avoir entendu celui qui s'appelait le Jugement, répéter chaque instant pendant qu'on le menait au supplice : Terre ouvre-toi, comme si la terre à son commandement allait s'entrouvrir pour dévorer ses ennemis, comme elle dévora Datan et Abiron[63]. Voilà jusqu'où put aller leur obstination dans l'erreur ».

Tous les auteurs rapportent la condamnation d'Éon à l'année 1148, sous le pontificat d'Eugène III. Nicolas Sanders ou Sanderus seul relate ces faits à l'année 1159, sous le pontificat d'Alexandre III[64]. C'est une méprise.

Telle est l'histoire d'Éon de l'Étoile selon les livres, l'histoire convenue. Faut-il l'avouer, malgré les imposantes autorités d'où elle est tirée, malgré tout ce qui À été dit, je crains bien quelle ne contienne pas en tous points l'exacte vérité. Elle À été travestie. Éon n'était ni un fou, ni un imbécile : son plan, sa conduite, le nombre de partisans qui formaient sa bande, le démontrent bien. Éon n'était pas un homme de basse extraction, mais, au contraire, de haute naissance : la partialité du Concile à son égard suffit à le prouver. D'autre part, l'obstination de ses sectaires, l'acharnement impitoyable de l'évêque Jean de la Grille contre les Éoniens de bas étage, montrent aussi que la doctrine du chef consistait en autre chose que dans de méprisables et absurdes extravagances. Il y a beaucoup d'obscurité dans l'histoire d'Éon, et, roman pour roman, le suivant que je rencontre en de vieilles paperasses, me semble tout aussi satisfaisant pour le moins.

« Après le changement de religion dans le royaume de Domnonée (Gaël était

---

[61] Fleury, *Hist. ecclésiast.*, année 1148.
[62] Dom Gervaise, *Vie de Suger*, t. 111. – Moréri.
[63] Il faut ajouter Coré. (Anc. Testam., Nombres, 16).
[64] Nicolaus Sanderus, *De visibili monarchia Ecclesiæ*, p. 487.

la résidence du roi), les membres de l'ordre druidique qui n'avaient pas émigré, ni consenti à apostasier, étaient allés prendre refuge dans le gouvernement particulier du prince de Porhoët, spécialement dans la forêt de Brécilien vers Barenton. Mais à cette époque, le prince de Porhoët excita une jalousie conjugale au duc de Bretagne Conan III, qui poussa les choses jusqu'à désavouer le prince Hoël, son fils, héritier présomptif du duché. Pour lors, ce prince de Porhoët devenu suspect à la cour du duc se retira dans ses domaines patrimoniaux et y forma un parti composé principalement de ce qui se trouvait encore des sectateurs du druidisme. Le duc les poursuivit sous le prétexte ostensible de leur dissidence religieuse, et ne manqua pas d'être chaudement appuyé par Jean de la Grille. Ils furent vaincus, et aussitôt celui-ci s'empresse de signaler son zèle en faisant supplicier tous ceux qui lui furent laissés sous la main.

« Quant au chef qui était Eudon, comte de Porhoët, qu'on appela Eudon ou Éon de l'Étoile, chef des sorciers de Brécilien, il fut capturé, mais il n'eut à se disculper que sur l'accusation religieuse, on le fit passer pour fou, et il fut mis en liberté. Aussitôt après la mort de Conan III, il revint en Bretagne et épousa la duchesse qui restait veuve ».

Le Continuateur de Sigebert de Gemblours, aux années 1158 et 1169 mentionne un Eudon comte de Porhoët. Jean Picard, chanoine de Saint-Victor, qui en 1610 À publié les œuvres de Guillaume de Neubrige, À pris de là occasion pour avancer que notre Eudon de l'Étoile était de la même famille. Cette opinion est rejetée par l'auteur du *Recueil des historiens des Gaules*. Eudon ou Odon, dit-il, est un nom appellatif, et Éon de l'Étoile semble n'avoir eu rien autre chose de commun que le nom avec cet autre Éon. (Tome XIII, p. 97.)

Une fois privée de son chef, cette multitude égarée se dispersa. « Quelques-uns de ces malheureux qui demandèrent à rentrer dans le sein de l'Église furent mis en pénitence, et exorcisés comme des démoniaques[65]. » Néanmoins, dans le diocèse de Saint-Malo, Jean de la Grille qui en était évêque, celui-là même qui avait dispersé les religieux de Belanton, à cause de leur insubordination et des extravagances du prieur Éon, fit rechercher et traquer les Éoniens, et sévit avec rigueur contre les restes de cette abominable secte[66]. « Si y eut-il de la peine, dit d'Argentré, à exterminer en Bretagne nombre infini de tels hermites venus de sa secte (d'Éon) qui s'estoient parquez en la forest de Brecilion, Lodéac et autres,

---

[65] Dom GERVAISE, *Vie de Suger*, t. III, p. 198
[66] Dom LOBINEAU, Hist. de Bret. t. I, p. 150, et *Vies des Saints de Bret.*, Jean de la Grille (1725) p. 231.

qui y tindrent si opiniastrement qu'on eut du travail à les prendre, brusler, bannir et défaire; tant vaut l'erreur en esprits réprouvez et possédez du malin »[67].

Je n'ai cité jusqu'ici concernant Éon que des auteurs catholiques. Voici maintenant l'appréciation d'un protestant.

« Éon de l'Étoile (*Eudo de Stella*), gentilhomme breton, né à Loudéac, mort en 1148. Abusant des paroles: *Per eum* (prononcé *Eon*) *qui venturus est judicare vivos et mortuos,* il prétendit être le fils de Dieu. Il parcourut la Bretagne, la Guienne et la Champagne, « prêchant le règne de Dieu, prophétisant et faisant des miracles ». Il se retira dans les bois avec les nombreux disciples qui ne tardèrent pas à se grouper autour de lui. Il rejetait les sacrements, la hiérarchie, l'autorité de l'Église visible, la résurrection des corps. Le légat du pape, Albericus d'Ostie, vint prêcher contre lui à Nantes en 1145; sur son instigation Hugues, archevêque de Rouen, publia pour le réfuter une exposition du dogme catholique. En même temps des troupes furent envoyées contre ces sectaires, dont beaucoup furent brûlés. Cité devant le synode de Reims, Éon de l'Étoile maintint ses affirmations et se vit condamné comme atteint de folie à une prison perpétuelle. Ses disciples périrent sur l'échafaud ou se dispersèrent. Voyez Hermant, *Histoire des hérésies*, t. II; Ch. Schmidt, *Hist. des Cathares*, t. I, p. 48[68] ».

Comme on le voit, Éon est pris ici tout à fait au sérieux, on nous le représente comme un dogmatiseur, un hérétique raisonnant, ayant agencé un corps de doctrine, repoussant tel et tel dogme catholique, acceptant quelques autres.

On aimerait à savoir sur quoi l'auteur fonde ses assertions. *L'Histoire des hérésies* par Hermant auquel il se réfère, ne contient sur Éon qu'un article insignifiant d'une page et demie au plus[69].

Quant à la prétendue réfutation de l'hérésie d'Éon par Hugues, archevêque de Rouen, ainsi qu'il à été dit ci-dessus page 410, on n'y trouve aucune allusion spéciale contre Éon et les Éoniens, dont le nom n'est pas cité.

Le 17ᵉ Canon du Concile À pour titre:

Ut ordinationes ab hæreticis et schismaticis factæ irritæ habeantur[70]. Il déclare nulles les ordinations faites par les hérétiques et les schismatiques. Cela visait

---

[67] Rien à ce sujet dans Bolland., Févr., t. I, p. 21,8. Vie de Jean de la Grille – ni dans Alb. Le Grand, ed. Kerdanet.
[68] *Encyclopédie des Sciences religieuses*, publiée sous la direction de F. Lichtenberger, doyen de la Faculté de Théologie protestante de Paris. – Paris, 1878, t. IV, p. 436.
[69] Hermant, *Histoire des hérésies*. Rouen, MDCCXXVI, plusieurs vol. in-12.
[70] *Recueil des Conciles* de Ph. Labbe et G. Cossart, t. X.

peut-être les prétendues ordinations d'archevêques et d'évêques qu'on imputait à Éon. Je dis prétendues, car *l'Auctarium Gemblacence,* seul, accuse Éon de ce sacrilège. Les autres historiens se taisent sur ce point.

Le 18ᵉ et dernier Canon de ce Concile de Reims défend à quiconque, de prêter appui et main forte aux hérésiarques et à leurs disciples qui sont en Gascogne, en Provence, ou ailleurs, et de leur donner asile dans ses terres ; et quant à ceux qui, acceptant leur erreur, les laisseront séjourner chez eux ou leur donneront refuge quand ils voyagent, ils sont frappés d'anathème, et privés du droit de célébrer l'office divin[71]. Ce canon semble viser, en partie, les Éoniens qui s'étaient, parait-il, répandus jusqu'en Gascogne ; quant à la Provence, je ne vois point qu'on y ait signalé leur présence. Il s'agit sans doute ici d'une autre secte, les Pétro-Brusiens, dont le chef, Pierre de Bruys, natif des montagnes du Dauphiné, fut brûlé vif au commencement du XIIᵉ siècle. On lit en effet, dans le tome IX de *l'Histoire de l'Église Gallicane* par les PP. Longueval et Fontenai, page 204. « Ce canon indique les Pétro-Brusiens ou nouveaux Manichéens sous quelque chef ou en quelque lieu qu'ils paraissent ». Cependant dans la relation du Concile de Reims en 1118 par Ph. Labbe on ne trouve pas mention de ces Pétro-Brusiens[72]. Cette secte s'était implantée paraît-il, au voisinage de la Bretagne. « Henry, disciple de Pierre de Bruys, dit Tillemont, fit beaucoup de mal dans le diocèse du Mans ; en ayant été chassé, il passa à Toulouse[73] ».[74]

Le baron de Roujoux, dans son *Histoire des Rois et des Ducs de Bretagne,* s'est occupé d'Éon de l'Étoile ; il À parsemé son récit de détails nouveaux et curieux qu'il À puisés je ne sais où, dans son imagination peut-être, car bien qu'il indique ses prétendues sources, vérification faite, on n'y trouve rien de tel ; ce serait donc du roman sous l'apparat de l'histoire. Voici quelques passages. (t. II, p. 160-165).

« Après quelques années de retraite et de privations dans la forêt de Brécilien, l'esprit de Merlin lui apparut, lui ordonna de se rendre à l'office divin et d'écouter attentivement les paroles qu'on y prononcerait. (GUILL. DE NEUB., livre I) ».

L'ermite résista quelque temps à la voix du prophète. Il partit cependant pour

---

[71] *Recueil des Conciles* de PH. LABBE ET G. COSSART, t. X, col. 1113. – *Conciles,* du P. HARDOUIN, t. VI, 2ᵉ partie, col. 1304. – LONGUEVAL ET FONTENAI, *Hist. de l'église Gallic.,* t. IX, p. 204.
[72] *Recueil des Conciles,* par PH. LABBE ET G. COSSART, t. X, col. 1113. – LABBE, *Conciliorum noua collectio,* t. II, LUCAE, MDCCXLVIII.
[73] DE TILLEMONT, *Abrégé de l'Histoire ecclésiastique,* t. V, Cologne MDCCLXV, p. 39
[74] Voir aussi FR. PAGI, *Breviatum historico… Pontific. Romanor.,* 1717, t. III, p. 21.

le monastère le plus proche, entendit dévotement la messe et les vêpres, et remarqua pour la première fois que le prêtre avait répété les mots : *Per* eum *qui venturus est judicare vivos et mortuos ; per eum qui vivit et regnat.* Le sens du conseil de Merlin lui fut alors dévoilé.…».

«L'ermite déjà réprouvé retourna dans sa solitude, et le mauvais esprit mit à sa disposition les trésors de Merlin. (Othon De Freisingen, chap. LIV et LV)».

«Qui es-tu, lui demanda le Pape avec bonté?

— *Ego sum ille qui venturus est judicare vivos et mortuos et seculun per ignem.*

— Tu serais plutôt l'Antéchrist, reprit le Saint-Père…. Mais que tiens-tu à la main ?

Or c'était un bâton fourchu, sur lequel on voyait des figures singulières.

— Ceci, dit Éon, oh, c'est un grand mystère… Mais toutes oreilles ne sont pas faites pour le comprendre. Toutefois les vôtres me semblent confectionnées bien à point. (Robert Du Mont., *Lettres de Hugues*)[75]

«Éon mourut rentré dans son bon sens et très repentant».

«Jean de la Grille envoya au bûcher plus de trente Éoniens (Dom Morice, p. 100)»

Or Dom Morice dit : plusieurs.

V

Je suis bien porté à penser que c'est au sujet des disciples d'Éon, dont les premiers durent se recruter parmi les paroissiens de Concoret, que prit naissance cet autre dicton du pays qui n'est pas encore oublié : *les saints de Concoret ne datent de rien.* En voyant les personnages nommés par Éon, ses anges, ses apôtres et aussi des saints, loin de travailler à l'édification des gens, les scandaliser, au contraire, par leurs méfaits, leurs brigandages et leurs sacrilèges ; en les voyant, en outre, condamnés au feu par l'autorité ecclésiastique régulière, et la terre, sourde à leurs commandements, refuser d'engloutir les exécuteurs qui allaient leur infliger la punition de leurs crimes, le peuple des bourgades voisines ne put s'empêcher de faire cette réflexion : vraiment les prétendus saints venus de Concoret sont moins

---

[75] P. Chevalier, (*La Bretagne ancienne et moderne*), pour qu'on ne s'y méprenne complète la réponse d'Éon et met : «Toutefois les vôtres me semblent assez grandes et confectionnées à point».

que de petite vertu et ne valent guère, leur intercession obtiendrait autant que celle des damnés ; et de là, par dérision : *les saints de Concoret ne datent de rien.*

Cette origine, qui me semble tout naturelle, est admise par l'auteur de la 2ᵉ édition d'Ogée (au mot Concoret). Cependant, l'abbé Guillotin *(Registre de Concoret)*, l'abbé Manet *(Histoire de la Petite-Bretagne,* Levot *(Biographie Bretonne,* art. Éon), et plusieurs autres, attribuent à ce dicton une autre origine, et, d'après eux, non seulement il ne remonterait point et ne ferait point allusion aux Éoniens, mais il aurait pris naissance dans une anecdote relativement récente, puisqu'elle se serait passée du temps de Mgr Vincent François des Marets, élu et sacré évêque de Saint-Malo, en 1702, et mort dans son diocèse, en 1739.

Cette anecdote est rapportée à peu près dans les mêmes termes, par chacun des trois auteurs ci-dessus nommés ; je vais néanmoins reproduire textuellement l'article de chacun.

Voici comment l'abbé Guillotin raconte le fait (p. 224 du manuscrit) :

« Il y eut jadis, à Concoret, un ouvrier qui faisait des statues de saints pour être vendues, et qui les exposait dans le bas de l'église sur des planches, le long des murs. Un évêque de Saint-Malo faisant sa visite demanda ce que c'était que ces statues. Le recteur lui répondit qu'elles ne dataient de rien. Cette réponse fit beaucoup rire les assistants, et c'est ce qui A donné lieu au proverbe que les saints de Concoret ne datent de rien ».

Je rappellerai, qu'avant la Révolution, Concoret était dans l'évêché de Saint-Malo.

L'abbé Manet dit ainsi : « Dans une visite pastorale que M. Desmaretz, évêque de Saint-Malo, eut occasion de faire en l'église de Concoret, ce prélat ayant achevé d'examiner les statues qui étaient aux autels, il en aperçut quelques autres qu'un méchant sculpteur du lieu avait obtenu de ranger en file au bas de l'église, pour trouver marchands. – Et ceux-là, demanda le pontife ? – Oh ! pour ceux-là, Monseigneur, répondit le curé embarrassé, ils ne datent de rien. Cette ingénuité fit beaucoup rire l'évêque et ne tarda pas à se répandre dans tous les alentours ». *(Histoire de la Petite-Bretagne,* t. I, p. 208.)

Voici enfin le récit de Levot : « Un recteur de Concoret ayant restauré son église, y avait placé de nouvelles statues de saints plus artistement façonnées au lieu des anciennes qui étaient grossières et tombaient de vétusté. Celles-ci avaient été mises au rebut dans un coin de l'église. – Qu'est ceci ? demanda l'évêque dans une visite pastorale. – Monseigneur, lui fut-il répondu, ce sont les vieux saints de Concoret, cela ne date de rien ».

Puisqu'on dit que cela fut, soit donc. Mais Levot, qui ne fait que raconter ce qu'il a entendu dire, ajoute que l'historiette n'a pas grande valeur, et qu'elle ne date pas plus que les Saints de Concoret.

En effet, l'anecdote en elle-même, avouons-le, n'est que médiocrement plaisante, et ne mériterait guère de prendre rang parmi les proverbes et les dictons populaires, pour passer à la postérité. Mais la réponse du curé n'eût manqué ni de piquant ni d'à-propos, si elle venait comme application d'un ancien dicton, celui qui fait allusion, croyons-nous, aux disciples d'Éon.

Peut-être cette histoire a-t-elle été propagée pour donner le change, et faire oublier l'origine du dicton que j'ai indiquée tout d'abord, et qui perpétuait le souvenir des Éoniens et de leurs égarements regrettables.

Le chanoine Mahé (*Antiquités du Morbihan*, p. 427, art. Concoret), donne cette origine du dicton en question :

« Pendant longtemps, les habitants de Concoret eurent le même goût que le bizarre Eon, et au lieu de s'adresser à Dieu et à ses saints dans leurs maladies, ils en cherchaient le remède dans la fontaine de Baranton, soit en la priant à la mode des Gaulois, soit en buvant de ses eaux, ce qui donna lieu à ce dicton : les saints de Concoret ne datent de rien, dicton qui subsiste encore aussi bien que la curieuse fontaine ».

Mais, relativement à cette opinion, l'abbé Manet (*loc. cit.*, t. I, p. 208), dit que c'est à tort que M. Mahé et M. Poignant (*Antiquités histor.*, p. 89) attribuent l'origine de ce dicton à l'inutilité, aujourd'hui bien constatée, des eaux de Baranton, pour la guérison de certaines maladies.

Enfin, voici une historiette qui démontre bien que les vieux saints poussiéreux de l'église ne méritaient point le ridicule, le dédain, le mépris dont les accablait l'outrageant dicton, et qui rejaillissaient un peu sur tous les paroissiens. Elle a dû être inventée par quelque natif du bourg, pour venger ceux-ci d'une malencontreuse, mais pourtant bien innocente application du proverbe ; elle raconte une éclatante prouesse de l'un d'eux. Il n'y a que l'amour sacré du clocher qui puisse inspirer de si vaillantes résolutions et donner le courage de les accomplir.

Très anciennement donc, et à une époque qu'on ne saurait préciser, l'église de Concoret avait été embellie de statues de saints neuves, par les soins du recteur de la paroisse. Les vieilles statues, ouvrages grossièrement ébauchés, presque informes et indignés de leur destination, avaient été mises au rebut et continuaient de se détériorer en quelque coin de l'église. Dans la suite des temps, il arriva qu'un recteur de la paroisse, quatrième ou cinquième successeur du rénovateur des saints, voulant mettre son église en ordre, et ennuyé à la fin de voir au bas de la nef ce tas encombrant d'inutile archéologie, ce nid à rats, à vermine et poussière, ces tronçons vermoulus et devenus méconnaissables, eut l'idée de s'en débarrasser. Mais comme les choses consacrées ne doivent être détruites que par le feu : Pierre, dit-il à. son valet en lui montrant les billots oubliés depuis vingt lustres au moins au bas de l'église, Pierre la première fois que nous cuirons du pain, tu mettras ces morceaux de bois à chauffer le four. – Mais, Monsieur le Recteur, lui répond Pierre tout scandalisé, ce sont les vieux saints de Concoret. – Que veux-tu, mon Pierre, reprend M. le Recteur, puisqu'on en À mis de neufs en remplacement, ces vieux saints de Concoret n'ont plus d'utilité, ils ne datent plus de rien : tu n'as qu'à faire, comme je t'ai dit, et le plus tôt sera le mieux.

Le bon Pierre, cependant, était dans une grande perplexité ; l'ordre de M. le Recteur était formel ; il lui faudrait bien l'exécuter. Mais en passant au four les antiques et vénérables saints de la paroisse, n'allait-il pas ajouter à ses fautes passées un méfait encore plus gros, et dont il aurait à subir la peine tôt ou tard ? Il ne put s'empêcher d'aller raconter à quel sort M. le Recteur avait condamné les vieux saints, et de répéter son irrévérencieuse parole à leur égard. Or, les vieux saints avaient toujours des partisans parmi les paroissiens. – Ah ! se dit en lui-même un des roués du bourg, qui avait beaucoup voyagé, et avait perfectionné son apprentissage aux Batignolles, ah ! M. le Recteur croit que nos vieux saints n'ont plus de valeur et qu'ils ne datent de rien, nous lui ferons voir qu'il ne les connaît pas. – Ayant conçu son méchant projet, il trouva moyen d'emporter un des billots vermoulus, condamnés à la géhenne, il y creusa un trou qu'il bourra de poudre et le remit ensuite dans le tas avec les autres. Personne, pas même Pierre, ne sut rien de l'opération. Puis il attendit pour voir l'effet.

Au jour du supplice, Pierre, sur l'ordre de son maître, pousse l'un après l'autre les saints à la fournaise. Comme il tremblait en songeant à la punition que méritait son sacrilège ! Le démon allait peut-être surgir subitement de sous terre, avec sa fourche à trois dents, le pousser à son tour dans le brasier, en attendant le feu éternel ! Tout à coup un violent fracas se produit : tout le voisinage accourt et voit le four gravement endommagé. – Ah ! Monsieur le Recteur, dit Pierre stupéfait du miracle, mais jubilant devant cette démonstration éclatante de là puissance des vieux saints du pays, ah ! Monsieur le Recteur, vous disiez que les vieux saints de Concoret ne dataient de rien, vous voyez pourtant bien ce qu'ils sont capables de faire à votre four.

Qui demeura stupéfait, lui aussi, mais piteux et confondu devant ses paroissiens ? Ce fut M. le Recteur, et il entendait que chacun donnait son explication, chacun faisant son commentaire, et que tous voyaient dans la catastrophe du four, une juste punition pour le blasphème qu'on n'était pas encore disposé à lui pardonner. Et, en effet, dans la suite, les méchantes langues ne manquaient point, à sa rencontre, de lui répéter à mi-voix son malencontreux dicton : Ah ! les saints de Concoret ne datent de rien !

M. le Recteur, cependant, ne fut pas longtemps dupe du stratagème par lequel le vieux saint avait fait éclater sa puissance contre son four ; mais il fit semblant de ne rien comprendre. Quant à Pierre, il fut heureusement préservé de toute blessure en cet accident, faveur que lui mérita son respect pour les choses vénérables. C'était, m'a-t-on rapporté, un homme de bien, simple de cœur et droit d'intention, il vécut heureux jusque dans un âge avancé et mourut, bien regretté de tous ceux qui l'avaient connu.

Ajoutons aussi que, d'après les renseignements que j'ai pu récolter dans le pays, ce mauvais tour n'aurait point porté bonheur à Eugène son auteur. En effet, en travaillant à la réfection du four, ouvrage que lui avait confié M. le Recteur, car il était habile en son métier de maçon, il glissa sur la terre et tomba de son haut, mais si malheureusement qu'il se cassa….. Voyons, que doit-on se casser en punition d'avoir fait éclater un vieux saint de bois ? – qu'il se cassa ?… le bras gauche. M. le Recteur, qui savait tout, prit soin de lui et de sa famille, pendant le temps que dura la guérison, et lui paya son travail sans marchander. Ensuite Eugène quitta le pays, et on ne sait ce qu'il devint.

Quelques-uns prétendent que cette histoire vraie ou fausse serait l'origine du dicton. Nous n'y mettons pas opposition. Néanmoins, en résumé, de ces diverses origines qu'on lui donne, la seule satisfaisante et acceptable, me semble-t-il, est celle qui le présente comme s'appliquant aux Éoniens.

VI

Baron du Taya, dans son livre de *Brocéliande*, p. 349, rapporte que, d'après une opinion qui s'est perpétuée dans le pays, on aurait conservé jusqu'au dix-huitième siècle, dans certaines maisons de Concoret, des écrits d'Éon de l'Étoile, mais qu'à mesure qu'ils étaient découverts, ils étaient détruits et jetés au feu comme dangereux.

Bien persuadé d'avance que je ne trouverais rien, soit qu'il n'y ait plus rien à trouver, soit plutôt que manquant de flair, je ne sois pas de ceux à qui il est donné de trouver, j'ai moi-même risqué quelques mots concernant les prétendus papiers d'Éon, avec des gens de la contrée, pour apprendre du moins ce que l'on en pensait. Deux ou trois ne savaient rien de ce dont il était question, quoique *Éyon* soit toujours légendaire. Mais un certain Hilaire, Joachim, Tiburce ou Barnabé, je ne sais lequel, qui passait pour un malin compère, m'ayant été indiqué comme capable seul de me renseigner, j'allai le trouver.

Il était dans son cellier au milieu de futailles et d'antiques bahuts, capables de receler dans leurs cachettes des trésors de sorcellerie, de grimoires et des liasses de vieux parchemins. À cet aspect, je crus être proche de la conquête, et ayant parlementé avec le maître pour capter sa bénévolence, comme dit Rabelais, j'en vins à mon objet. Mon homme prit alors un air mystérieux, et me répondit par un signe de tête et un clignement d'yeux qui semblaient dire : Oui, je vous comprends, je connais cela, il y a quelque chose quelque part, mais il ne faut parler de rien. C'est tout ce que j'ai pu extraire et emporter.

Quelques personnes du pays croient qu'il doit se trouver, concernant Éon, de curieux papiers cachés au village de la Rue Éon en Concoret. Cette Rue Éon, dont le nom perpétue et perpétuera pendant des siècles encore la mémoire de cet indéchiffrable personnage, est un village distant de moins d'une demi-lieue du bourg de Concoret, et agréablement situé près des ombrages des bois du Rox, entre le château du Rox et le village de Vaubossard. À quelques centaines de pas on trouve une rustique fontaine, entourée d'arbres d'une hauteur remarquable et consacrée à saint Mathurin.

Quant au village de la Rue Éon, il consiste principalement en un corps de bâtiment construit en pierres, et divisé en trois logis contigus, de même apparence et de mêmes dimensions à peu près. L'un de ces logis, celui qui est au bout le plus rapproché du chemin de Concoret, porte traditionnellement le nom de maison d'Éon, maison de Éon de l'Étoile, soit que le Père Éon, comme on y appelle toujours le personnage, l'aurait bâtie primitivement, soit parce qu'il y serait né, soit parce qu'il y aurait habité. On raconte même, en témoignage de son habileté en sorcellerie, que le thaumaturge ne mit que trois jours à bâtir, à lui tout seul, son hôtel de la Rue Éon. En 1805, c'est-à-dire 657 ans après la mort d'Éon, le grand-père de la propriétaire actuelle (Melle Félicité Crublet), acquit les débris de la maison d'Éon qui, paraît-il, tombait de vétusté, et la rebâtit, sur le même emplacement dit-on, et en y employant les mêmes matériaux et peut-être aussi d'après le même plan. Une ardoise piquée sur le faite porte la date de cette dernière réfection : 1805, mais il est bien probable que dans ce long intervalle de plus de six siècles et demi, cette maison avait subi au moins une reconstruction.

Tel qu'il est aujourd'hui, ce logis consiste en une unique, mais grande pièce d'habitation, au rez-de-chaussée ; dans laquelle une cloison de planches À distrait un cabinet servant de décharge. Cette pièce est éclairée par une fenêtre garnie de trois barreaux de fer. Au-dessus, est un grenier où le jour pénètre par une lucarne ayant deux barreaux de fer ; à gauche du logis, quand on le regarde, est un appentis en terre servant de décharge et de cellier. À droite, la maison d'Éon est contiguë avec une autre à peu près semblable. Sauf l'appentis en terre de la maison d'Éon, toute cette rangée de trois logis est bâtie en belles pierres rouges.

Dans les actes auxquels elle donne lieu, la maison d'Éon est désignée sous le nom de maison d'Éon de l'Étoile, maison de l'Étoile. On m'a montré en effet un acte de vente, sous signatures privées, daté d'octobre 1885, où la maison est désignée ainsi : Maison de l'Étoile. Au cadastre, elle est inscrite sous le nom de maison Éon.

Comme cette maison de la Rue Éon est d'une apparence fort simple, on À émis l'opinion qu'elle ne fut point la demeure de notre Éon, lequel on suppose avoir été de haute origine ; mais que ce dut être le château du Rox, qui est tout proche et qui était plus digne du personnage.

Quant à ces papiers et ces grimoires enfouis dans de vieux coffres, et initiant aux secrets d'Éon et de ses sectaires, il n'y en À point, il n'y en À plus ; y en a-t-il jamais eu ?

On m'a aussi conté à la Rue Éon, que l'on aurait enfoui des livres concernant Éon, dans un puits du village de la Chauvelaie, puits aujourd'hui comblé et ignoré, et aussi dans un terrain dit le Four-Mignon, à présent en jardin et situé près de la Rue Éon. Mais, on ne connaît pas davantage l'endroit où ils furent mis en terre.

Enfin, il existe encore à la Rue Éon, une vieille maison, servant de grange et qui aurait aussi appartenu au seigneur de l'Étoile, d'après certains dires. Elle fait partie d'un corps de bâtiments perpendiculaire sur la file de logis dont il vient d'être mention, et situé le long du chemin qui mène de la Rue Éon à, la fontaine Saint-Mathurin.

On y montre à l'intérieur une grande cheminée en ruines, qui serait peut-être contemporaine de Éon de l'Étoile.

Il y avait anciennement, en face des logis de la Rue Éon, une maison dont il ne reste plus aujourd'hui que quelques vestiges et qu'on appelait la Maison du Gros-Chêne à cause d'un chêne énorme, mais creux, qui existe encore, et près duquel elle était placée. On la nommait, aussi la maison de la Chambre, parce qu'il y avait au-dessus du rez-de-chaussée une chambre pavée en tuiles rouges. Or, d'après un certain Guillotin Victor, mort à 77 ans, il y a une vingtaine d'années, et qui tenait ceci de ses parents, cette maison aurait aussi appartenu à Éon. Elle À été abattue il y a une vingtaine d'années. On dit aussi que, dans cette maison de la Chambre, étaient ménagées des cachettes qui, pendant la tourmente révolutionnaire, auraient servi à l'abbé Pierre Paul Guillotin à sauver des ornements d'église et des objets du culte.

La cavité du gros chêne voisin fut aussi employée avec succès à cet usage.

III. — TEXTES CONCERNANT ÉON DE L'ÉTOILE

Le présent chapitre se compose uniquement de textes concernant Éon de l'Étoile, et extraits des principaux auteurs qui se sont occupés de ce personnage. Plusieurs de ces citations n'ont d'autre mérite que celui d'être empruntées à des ouvrages peu communs. La relation donnée par d'Argentré est la plus intéressante, aussi je n'ai pas hésité à la reproduire en entier, de même que celle donnée par le chanoine Mahé dont le livre est devenu très rare. En ajoutant à ces extraits les citations assez nombreuses que j'ai insérées au cours de l'histoire d'Éon, on aura, je crois, un ensemble suffisant de documents sur le personnage dont il s'agit.

Beaucoup d'autres ouvrages ont été consultés, mais sans profit. — *Les Vies des Pontifes romains,* par Caprera Morali, 1630 ; — *l'Histoire des Papes,* par André Du Chesne, 1615 ; — *le Breviarium historico-criticum Pontificum Romanorum.*, de Fr. Pagi, 1717, en relatant l'histoire du pape Eugène III, n'accordent que quelques lignes à Éon de l'Étoile, et celles-ci ne font que résumer très brièvement les récits de G. de Neubrige, d'Othon de Freisingen, de Robert du Mont, dans l'*Appendice à Sigebert*. — F. Pagi en terminant sa courte notice sur Éon ne manque pas de donner à celui-ci sa malédiction, et l'envoie non sans plaisir au diable. « Condamné par le Concile à une prison bien gardée, dit-il, Éon ne tarda pas à remettre son âme misérable aux démons dont il avait accepté les services (t. III, p. 21). »

Dom Jean Delannes, bibliothécaire à l'abbaye de Clairvaux, dans son *Histoire du Pontificat d'Eugène III* (Nancy, 1737, in-12), À copié presque littéralement le récit de Dom Gervaise, mais en l'abrégeant çà et là, tronquant la fin et supprimant tout ce qui À rapport à la condamnation et à la misérable fin des disciples d'Éon. Ce livre n'ajoute rien à ce qu'a rapporté Dom Gervaise et à ce que nous avons raconté.

L'article Éon, dans le Dictionnaire de Moréri (1759), est lui aussi, en grande partie, emprunté à Dom Gervaise. Le *Recueil des Conciles,* par Philippe Labbe et Gabriel Cossart, t. X (1671), reproduit tout au long Othon de Freisinge, Guillaume de Neubrige, Robert le Prémontré, *l'Auctarium Gemblacense*. — Le *Recueil des Conciles,* du P. Hardouin, t. VI (1714), contient les mêmes citations que l'ouvrage de Labbe et Cossart. — De Tillemont, dans son *Abrégé de l'Histoire Ecclésiastique*, t. V (1765), p. 141, ne donne que quelques lignes sur Éon. Il en est de même du *Dictionnaire universel des sciences ecclésiastiques,* par le P. Richard (1761) ; – du *Dictionnaire des Religions* (Encyclopédie Migne).

L'article de l'abbé Manet *(Histoire de la Petite Bretagne,* t. I, p. 203) est assez étendu, cependant il n'apporte rien de nouveau, etc.

A. Guillaume de Neubrige

Circa idem tempus, Eugenius Papa Romanus ad sedis Apostolicæ regimen ex vitæ Regularis districtione assumptus, Ecclesiasticæ studio disciplinæ in Gallias veniens, generale concilium instituit Remis. In quo dum sederet cum omni frequentia Episcoporum atque nobilium, oblatus est ei quidam vir pestifer, qui spiritu plenus diabolico, præstigiali astutia tam multos seduxerat, ut fretus sequentium numero, per diversa loca formidabilis aberraret, Ecclesiis maxime monasteriisque infestus. Diu itaque multumque debacchatus, tandem À Remensi Archiepiscopo captus est, sapientia vincente malitiam, et sancto consilio exhibitus.

Eudo is dicebatur, natione Brito, agnomen habens de Stella, homo illitteratus et idiota, ludificatione dæmonum ita dementatus, ut quum sermone Gallico (eun) diceretur, ad suam personam pertinere crederet, quod in ecclesiasticis exorcismis dicitur, scilicet *per eum qui venturus est judicare vivos et mortuos, et seculum per ignem.* Ita plane fatuus ut Eun et eum nesciret distinguere, sed supra modum stupendâ cœcitate crederet se esse dominatorem et judicem vivorum et mortuorum.

Eratque per diabolicas præstigias tam potens ad capiendas simplicium animas, ut tanquam ex muscis aranearum opera irretitis, seductam sibi multitudinem aggregaret : quæ tota illum tanquam dominum dominorum individue sequeretur. Et interdum quidem mira velocitate per diversas provincias ferebatur. Interdum vero morabatur cum suis omnibus in locis desertis et inviis, moxque instigante Diabolo erumpebat improvisus, ecclesiarum maxime ac monasteriorum infestator.

Accedebant ad eum plerumque noti ejus et propinqui, erat enim non infimi generis, sive ut eum familiari ausu corriperent, sive ut, quomodo se circa eum res haberet, cautius explorarent. Videbatur autem esse circa eum ingens gloria, apparatus fastusque regius ; et qui cum eo erant, sollicitudinis laborisque expertes, pretiose indui, splendide epulari, et in summa lætitia agere videbantur, in tantum ut plerique qui ad corripiendum eum venerant, conspecta ejus non vera sed fantastica gloria, corrumperentur.

Fiebant enim, sed fantastice per dæmones, À quibus scilicet misera illa multitudo, non veris et solidis, sed æriis potius cibis in locis desertis alebatur. Nam sicut post modum per quosdam audivimus qui in ejus fuerant comitatu, eoque sublato, tanquam agentes pœnitentiam per orbem vagabantur, in promptu ejus erant, quotiescumque volebat, panes, carnes, pisces, et quique cibi lautiores.

Verum quod idem cibi non solidi, sed ærii fuerint, subministrantibus invisibiliter spiritibus æris hujus, ad capiendas magis quam pascendas animas, hinc elucet, quod quantamcumque ex cibis illis repletionem modico ructu exinanitam, tanta mox sequebatur esuries, ut eosdem cibos illico repetere cogerentur. Quicumque forte ad eos accedens ex cibis eorum, vel modicum gustasset, ex participatione mensæ dæmoniorum mente mutata, spurcissimæ multitudini continuo adhærebat. Et quicumque ab eis aliquid in qualibet specie accepisset, periculi expers non erat.

Denique fertur quemdam militem propinquum illius pestiferi accessisse ad eum, et simpliciter monuisse : ut abjurata nefanda secta illa per communionem Christianæ gratiæ proprio generi redderetur. Ille hominem astute suspendens, ostendit ei in multiplici specie fantasticarum opum amplitudinem, ut blandiente visarum rerum illecebra caperetur. Propinquus, inquit, noster es, sume de nostro, quod et quantum vis. Verum homo prudens cum verba correptionis in ventum fudisset, exivit ut abiret. Armiger vero ejus conspectum miræ pulchritudinis accipitrem in propriam perniciem concupivit. Quo petito et accepto dominum suum jam abeuntem cum lætitia sequebatur. Cui ille : abjice cito quod portas, non enim est avis ut videtur, sed dæmon sic transformatus : cujus verbi veritas post modicum claruit. Cum enim insipiens nollet audire monentem, primo conquestus quod accipiter ille unguibus sibi pugnum fortius stringeret, mox ab eodem per manum in æerem sublevatus deinceps non comparuit.

Sane cum pestifer ille ita debaccharetur (ut dictum est), sæpius À principibus ad vestigandum et persequendum eum exercitus frusta mittebatur : quæsitus enim non inveniebatur. Tandem vero fraudatus ope dæmonum, cum non amplius per illum debacchari sinerentur, (non enim nisi À superioribus potestatibus justo Dei judicio relaxantur), levi negotio À Remensi archiepiscopo comprehensus est, et populus quidem stolidus qui eum sequebatur, dilapsus est. Porro discipuli qui aretius ei adhærebant, ejusque cooperatores exstiterant, cum ipso capti sunt.

Cum ergo staret in conspectu concilii, interrogatus À summo Pontifice quisnam esset, respondit: *Ego sum qui venturus est judicare vivos et mortuos, et seculum per ignem.* Habebat autem in manu sua baculum inusitatæ formæ; in superiori scilicet bifurcum. Interrogatus quid sibi vellet baculus ille: Res, inquit, grandis mysterii est: quamdiu enim sicut nunc videtis duobus coelum capitibus suspicit, duas orbis partes Deus possidet, tertiam mihi partem cedens. Porro si eadem duo superiora capita baculi submittam usque ad terram, et inferiorem ejus partem quæ simplex est, erigam, ut coelum suspiciat, duabus mundi partibus mihi retentis, tertiam tantummodo partem Deo relinquam. Ad hæc risit universa synodus, derisitque hominem tam profunde datum in reprobum sensum.

Jussus autem ex decreto concilii, ne pestis iterum serperet, diligenter eustodiri, tempore exiguo supervixit.

Discipuli vero ejus quos magnis insignierat nominibus, alium scilicet vocans Sapientiam, alium Scientiam, alium Judicium, et in hunc rnodum cæteros, cum sanam doctrinam nulla ratione reciperent, potius obstinatissime de falsis gloriarentur vocabulis, in tantum, ut ille qui Judicium dicebatur, suis detentoribus ultricem infelici fiducia comminaretur sententiam; Curioe prius et postea ignibus traditi, ardere potius quam ad vitam corrigi maluerunt. Audivi À quodam venerabili viro qui interfuit dum hæc agerentur, quod audierit illum qui Judicium dicebatur, cum ad supplicium duceretur, crebro dicentem: Terra findere; tanquam ad oris imperium terra aperienda esset, et devoratura sicut Datan et Abiron, hostes ejus. Tanta vis semel infixe cordibus erroris fuit.

(Rerum Anglicarum libri quinque auctore GULIELMO NEUBRIGENSI. Lugduni CID - ID - LXXVII. Liber I, caput XIX).

Au tome XIII du *Recueil des Historiens des Gaules,* par les Bénédictins, est insérée-tout au long (p. 97-98-99) cette citation de Guill. de Neubrige, et elle est accompagnée de quelques notes.

1° (Fraudalus ope dæmonum).

« Tout ce récit des prestiges d'Éon doit être mis au rang des fables, tout homme de bon sens le comprendra ; c'est pourquoi Robert du Mont dans son appendice à la Chronique de Sigebert de Gemblours, dit à l'année 1147 : De ses prodiges et enchantements, mieux vaut se taire que d'en parler. (p. 98). »

2° (Ego sum ille qui venturus est).

« Il faut lire, pour bien exprimer sa folie : je suis *Eum* qui doit venir (p. 98). »

B. Othon de Freisingen

Caput LIV (p. 439).

Erat enim in proxima medianæ quadragesimæ dominica, apud illius Gallioe metropolim Remis generale indictum concilium : tam ex eo quod prætaxatus Papa persecutionem populi sui declinando, in Galliis morabatur[76] : quam ob hoc, quod quidam pene laïcus, hæretici honorem in vaccis populorum affectans, examini Ecclesiæ reservandus in vinculis tenebatur. Iste in angulis Galliæ, id est, circa Britanniam et Guasconiam, eo quod remotis ibi À corde Franciæ populis, simplicitas, vel potius (ut ita dixerim) stulticitas, cui facile error obrepere solet, abundat, verbum prædicationis assumpserat, eumque tanquam Dei filium se nominans, multam post se rudis populi traxit multitudinem, dicens: quod ipse esset per quem omnis oratio concluditur, cum dicimus : Per eum, etc.

Caput LV (p. 439).

Igitur, volvente tempore, cum eadem mediana quadragesima adveniret, dumque À Turcis populi dispersi Hierusalem tendentes per altum navigaremus æquor, in basilica Dei genitricis semper que virginis Mariæ, Remis, præsidente summo Pontifice Eugenio, sedit concilium, productus fuit ibi, ut fingere liceat, cum scriptulis suis prædictus Eum, vir rusticanus, et illiteratus, nec hæretici nomine dignus, ac pro contumaci fatuitate, vel fatua contumacia sua puniendus, Sugerio abbati S. Dyonisii qui regni negotia ob absentiam regis in Occidentali Francia, juxta illius coenobii prærogativam, administrabat, commisus, ab eoque arctoe eustodiæ mancipatus, vitam in brevi finivit.

(OTTONIS FRISINGENSIS Episcopi, *De Gestis Friderici I Cæsaris Augusti*. Liber primus, cap. LIV et LV. Opera et studio Christiani Urstisii basiliensis. Francofurti MDCLXX.)

C. Ex Auctario Gemblacensi

Anno MCXLVI. Hæresis Eunitarum intra Britannias pullulat. Horum princeps erat quidam perversæ mentis, Eunus nomine : qui cum esset idiota et ipsos apices litterarum vix agnosceret, tamen polluto ore, de divinis tractabat et disputabat. Hic, nefario ausu, absque sacris ordinibus, Missas celebrabat indigne, ad errorem et subversionem perditorum hominum : Episcopos etiam et Archiepis-

---

[76] En 1147 le pape Eugène III, expulsé de Rome par une émeute, s'était réfugié en France.

copos suis, qui sibi adhærebant, ordinabat. Multa quoque alia faciebat scelerata, et divinæ legi contraria. Ad postremum, diabolico spiritu completus, in tantam prorupit insaniam, ut diceret et credi cogeret se esse filium Dei, affirmans se esse eum per quem Sacerdotes in Ecclesia generalem collectam solent terminare dicendo: *per eumdem Dominum nostrum*. Quanta autem turpia et execrabilia agant in abscondito Hæretici illi qui vocantur Eunitæ, id est sequaces Euni, bonum est silentio tegere, ne horrorem incutiant, vel etiam errorem generent infirmis auditoribus.

Anno MCXLVIII….. Eugenius Papa, collecta generali Synodo Remis… In hac Synodo adductus est supra dictus hæreticus Eunus, et proesentatus Papæ À quodam catholico Britanniæ Episcopo. Hic igitur, in audientia omnium de sua perversa hæresi discussus et convictus, vitam quidem et membra, Episcopo qui eum adduxerat, expostulante, retinuit: sed tamen, præcepto Papæ, in custodia relegatus, et ibi post non multum temporis mortuus est. In hac Synodo Archiepiscopi, Episcopi et abbates usque ad mille centum resedisse dicuntur.

(*Recueil des historiens des Gaules et de la France*, par les Bénédictins de Saint-Maur, t. XIII, p. 273-274).

D. Robert du Mont. — Appendice à Sigebert

Anno MCXLVIII….. Mira miranda Eudonis pseudoprophetæ et hæretici patrata sunt: qui in concilio Remis damnatus, et in turre archiepiscopi reclusus, ut male coepit, ita deperiit. De cujus incantationibus et phantasiis et factis et dictis, melius est silere quam loqui.

Recueil des Historiens des Gaules et de la France, par les Bénédictins de Saint-Maur, t. XIII, p. 291.

E. Ex appendice ad Sigebertum Alterius Roberti. (Robert le Prémontré)

Anno MCXLVIII. – À Papa Eugenio Remis XI Kal. Aprilis concilium celebratur, in quo hæreticus quidam de Britannia adductus, damnatur, qui se prophetam, vel magnum quemlibet, et nomine suo alludens (Eon enim dicebatur) eum qui venturus est judicare vivos et mortuos et soeculum per ignem, se esse dicebat, et de suis quosdam quidem angelos, alios autem apostolos faciebat, et propriis Angelorum, seu Apostolorum nominibus appellabat, quo plane signo et ipsum ex Manichæorum officina prodiisse, possumus intelligere ex iis quæ dicta sunt suo loco de Manichæis. Qui in concilio damnatus sub custodia Rhemensis Archiepiscopi non multo post defunctus, vita pariter caruit et memoria.

Recueil des Historiens des Gaules et de la France, par les Bénédictins de Saint-Maur, t. XIII, p. 332.

Note sur la chronique de Gemblours

Sigebert moine de Gemblours *(Gernblacensis),* diocèse de Liège, avait écrit une chronique qui finit en 1112, année de sa mort. Elle fut continuée par Anselme abbé de Gemblours sous le nom de : *Appendice d'Anselme de Gemblours* à Sigebert, jusqu'en 1136, date de la mort d'Anselme. Après lui un anonyme, moine de Gemblours, continua la Chronique de 1137 à 1149. c'est l'Auclarium gemblacense dont un passage pour l'année 1146 se trouve traduit au chapitre : Le Seigneur de l'Étoile, et dont le texte, ainsi qu'un deuxième passage sont reproduits ci-devant. Puis Robert de Thorigni, prieur claustral de l'abbaye du Bec en Normandie, et qui devint en 1154 abbé du Mont Saint-Michel au Péril de la Mer, d'où le nom de Robert du Mont, À donné un Appendice. C'est l'Appendice de Robert du Mont à Sigebert. Il rnourut en 1186. Enfin, un autre Robert, religieux Prémontré, À fait lui aussi un Appendice à la chronique de Sigebert.

(D'après le *Recueil des Historiens des Gaules* (Dom BOUQUET), t. XIII, Préface, p. XXVI et suiv).

F. Albéric des Trois-Fontaines

Albéric, moine de l'abbaye des Trois-Fontaines, qui naquit au commencement du XIIIe siècle, À laissé une chronique qui s'étend depuis le commencement du monde et qui finit à l'année l241. À l'année 1148, Albéric mentionne l'hérésie des Eunites ; mais **il** ne fait guère que reproduire l'*Auctarium Gemblacense,* ajoutant tout simplement au début quelques mots touchant l'hérésie de l'apostat Henry, dont mention est faite p. 430 ci-dessus. Voici ce que dit la Chronique d'Albéric :

Anno 1148. – Hoeresis Eonitarum intra Britannias pullulat, imo (ut verius dicatur) maxima hæresis Popelitanorum[77] Henrici Apostatæ pessimi quondam nigri Monachi in terra Albigensium pullulavit, qui cum esse idiota…

(Le reste reproduit l'Auclarium Gemblacense littéralement jusqu'à la fin… vel etiam errorem generent infirmis auditoribus.

Contra tam pestiferam hæresim missi sunt À Domino Papâ, Albericus Ostiensis Episcopus et Legatus, vir religiosus, et Abbas Clarevallensis Bernardus. Post hæc prædictus hæreticus Henricus diu latuit, sed tandem À quodam episcopo captus, et Rhemis ad Papam Eugenium ductus.

La Chronique d'Albéric des Trois-Fontaines À été publiée par Leibnitz dans *Accessionum Historicarum* Tomus II, in-4°. Hannoveræ, 1698.

Trois-Fontaines était une abbaye de l'ordre de Citeaux, près Saint-Dizier, diocèse de Châlons.

La Chronique d'Albéric passe pour n'être pas exempte de fautes et d'incorrections. Dans les quelques lignes que nous venons de rapporter, l'auteur semble appliquer à l'apostat Henry ce que l'*Auctarium Gemblacense* dit des Eunites.

G. Baronius

Le cardinal Cæsar Baronius, dans ses *Annales*, t. XII, p. 344, à l'année du Christ 1148, et la quatrième du pontificat du pape Eugène reproduit le texte de Robert dans l'Appendice à Sigebert (*A Papa Eugenio Remis XI Kal. Aprilis…. vita pariter caruit et memoria*), et celui de Guillaume de Neubrige. Il donne un résumé d'Othon de Freisingen, et le fait suivre des réflexions suivantes :

Ceterum ne levitatis arguendus sit tam nobillis patrum consessus, quod insanum hominem introduci voluerit in plenam synodum : primo dicendum, Apostolum ad hos etiam non contemnendos omnino Ecclesiam obligasse, dicentem : Debitores sumus sapientibus et insipientibus. Deinde quod magnam homo iste multitudinem seduxisset, et adhuc complures ex illis obstinatissimi in errore persisterent, ipsorum ratio habenda erat. Hæc autem ut accipias locupletius de impostore agendum.

(Suit le texte de Guillaume *de Neubrige.)*

---

[77] Poplicains, Publicains, secte d'hérétiques qui professaient les erreurs des Albigeois, souvent confondus avec les Pétrobrusiens, les Henriciens, les Cathares. – Voyez *Dict. univ. des Scienc. ecclésiast.*, par le R. P. RICHARD, NIDCCLXI, in-fol., t. IV. Art. Poblicains. – *Dict. des Religions* encyclopédie Migne, t. I, Albigeois; t. III, Poplicains.

ÉON DE L'ÉTOILE

H. Lambert Waterlosius

Voici enfin deux autres citations, mais de peu d'importance, consignées aussi au tome XIII du même *Recueil des Historiens des Gaules.*

Ex Lamberti Waterlosii chronico cameracensi Autbertino.

Anno MCXLVIII. Hoc. Anno Eugenius Papa in Remis generale concilium Dominicâ Lætare tenuit, ubi plures de remotis partibus Oceani Episcopi et abbates convenerunt, in quo juste quidam Britannicus hæreticus, Eons nomine, fuit damnatus. *(p. 501.)*

Anno MCXLVIII. Idem Papa Remis concilium celebrans quemdam hæresiarchum Hispaniæ qui se Christum esse dicebat, perpetuâ custodiâ damnavit, sicque per Liguriam regressus est Bitervum. (Ex Chronico Cassinensi.) *(p. 736.)*

I. Messire Bertrand d'Argentré.
Chapitre LI de « Éon de l'Estoile et de ses Erreurs »

L'an MCXLVIII. Parmi les roses nasquit une espine en Bretagne, *(Dans les chapitres précédents, il* parlait *de Abailard, Marbode et Baldric)* en ce même temps de l'an (mil) cent quarante huit : Ce fut un nommé Éon; lequel Guillaume de Neuberg, Anglois historien qui vivoit lors, dict avoir esté noble de bonne maison et de bons parens surnommé de l'Estoile, lequel estoit natif des environs de la forest de Lodeac, et se tenoit Hermite en la forest de Brecilien; lequel pris du cerveau, se disoit estre le fils de Dieu : et celui mesme par l'invocation duquel se finissent toutes les périodes des oraisons que fait l'Église et les exorcismes quand on dit : *Per eum qui vivit et regnat,* ou *Per eum qui venturus est judicare vivos et mortuos.* Son propre nom estoit Eudon que les Bretons par contraction disent Éon. Il disoit qu'il estoit cest [*eum*] là, homme sans lettres, jusque à n'entendre pas la diversité de l'escriture de Éon et [*eum*]. Cela lui donna occasion de se chercher parmy les saincts mots.

Il estoit purement forcené et surpris du mauvais esprit, et s'estoit estonné de luy mesme, disant que ce seroit luy qui viendrait juger les vifs et les morts : si faisoit-il par la communication du mauvais esprit et trompeur beaucoup de choses admirables, et avoit tant perverti d'hommes qui le suivaient qu'il en estoit devenu redoutable, et mal aisé à mettre à la raison, voire aux magistrats.

Il se transportait de place en autre si soudainement, qu'il estoit aisé à voir que le diable le portoit, et se monstroit en divers lieux inhabités parmy des fosses en terre : et lors ses parents ou les hommes de marque le venaient voir : il monstroit une circonstance autour de luy d'une clarté extraordinaire et inaccoustumée, tellement que ceux qui l'approchaient voyant cette fantastique gloire, s'en esprenoient et venoient à la suite gaignez de ceste apparence.

Ses suivants vivoient sans soucy, bien en ordre, bien habillés, toujours banquetans avec tous les plaisirs qu'on pouvoit souhaiter. Ceux qui le visitaient, séans à la table estoient servis en un instant, comme à la table du Soleil en Aphrique, de viandes exquises et délicates au possible, et en prenaient avec goust, mais à la moindre haleine ils se sentaient aussi creux et affamés que jamois, qui est une sorte de magie très ancienne, veu qu'on list en l'histoire grecque du plus vieil temps, qu'un nommé Pases faisoit le semblable ; mais qui avoit gousté du pain et du calice d'Eon, il estoit incontinent sien et gaigné.

Un jour, un des siens le vint voir pour le cuider réduire à la catholique, mais il lui monstra des richesses et argent monnayé plus que deux roys n'en eussent fourny, lui offrant de prendre ce qu'il voudroit, mais c'estoit illusion diabolique. Un gentilhomme fut présent de la suite de l'autre précédent, lequel voyant un bel espervier à l'un des suyvans de ce prophète, le demanda, et lui estant donné, comme il suivoit son maistre, cest espervier de la main le serra si fort, qu'il fust contraint par, le commandement de son maistre de le jetter bas, mais il ne sceut et s'envola l'espervier tenant son homme pendu par le poing, qui oncques depuis ne fust veu, comme dit Guillaume de Neuberg.

Il avoit des serviteurs qu'il disoit estre des anges et apostres, et leur donnoit des noms, à l'un Sapience, à l'autre Science, à l'autre Jugement, tout de mesme que Valentin auteur de l'hérésie des Gnostiques appeloit les siens νοον, δυναμιν, φρονησιν, et les avoit si bien confirmés en son erreur, ny que pour le feu pas un n'en retournoit, mais au contraire, ils se glorifiaient en leurs hauts noms, obstinez en toute extrémité. Il en fut pris un prisonnier qui estoit celui qui s'appelait Jugement ; lequel estant condamné au feu, comme on le menoit exécuter, menacoit de l'ire et vengeance de Dieu ceux qui le tenoient, et plusieurs fois en le menant, disoit : O terre fends-toi, comme si la terre eust deu s'ouvrir au commandement de ce monstre et engloutir ceux qui le tenoient, tant estoient profondément surpris et persuadez des mauvais esprits, qui les laissaient toutesfois au besoing, les ayans menez au dernier pas.

Par tels moyens néantmoins ne devint cest Éon pas peu puissant, combattant, contredisant et répugnant tant qu'il pouvoit le Clergé Évesques et Prélats et donnoit des affaires voire aux Ducs ; finalement venant le Pape Eugène de

France au concile de Reims où il présida, le bruit en vint devers luy, n'estant pas la réputation d'Éon petite, et commanda le pape qu'il fût pris, à quoi fut donné ordre par l'Archevèque de Reims, lequel par le moyen du Duc le fist surprendre en Bretagne, et fut amené au concile, et en pleine compagnie interrogé, où il fut cogneu qu'il estoit fort ignorant des lettres, mais qu'il avoit de vray communication avec les malins esprits qui l'abusaient et ses disciples, faisans apparoir toutes belles choses.

Interrogé qu'il estoit, il respondit : *Ego sum ille qui venturus est judicare vivos et mortuos et seculum per ignem.* Le Pape l'interrogeant lui apercut un baston à. la main, qui lui sembla en la personne de cet homme avoir quelque signification : il estoit fourchu sur le haut et avoit quelques singularités ; il lui demanda que vouloit dire ce baston, il respondit que c'estoit une chose de grand mystère, que quand il, tenoit ce baston la fourche à mont, que, lors Dieu ne tenoit plus que les deux parts du monde, et il tenoit, la tierce que Dieu lui quictoit; mais, s'il tenoit la fourche en terre, lors tenant les deux parts du monde, il. laissoit le tiers à Dieu.

Escoutant cette forcenerie, toute l'assemblée se mit à rire, et ne fut jugé autre que pris de son cerveau : mais de peur qu'il ne retournast comme devant séduire le peuple, il fut envoyé en une prison estroictement, et délivré à Suger, abbé de Saint Denys, qui estoit régent en France avec la Royne pendant l'absence du Roy; et depuis, ne vescut gueres mourant avec son sens.

Si y eut-il de la peine à exterminer en Bretagne nombre infiny de tels hermites venus de sa secte qui s'estoient parqués en la forest de Brécilion, Lodeac et autres, qui y tindrent si opiniastrement, qu'on eût du travail à les prendre, brusler, bannir, et défaire, tant vaut l'erreur en esprits réprouvez et possédez du malin. Ainsi mourut Éon de l'Estoile, qui ne mérita pas le nom d'hérétique, mais plustost d'esprit fanatique et d'enchanteur.

(Messire Bertrand D'Argentré. *Histoire de Bretagne,* 3e édit. (1618), page 240).'

J. Messire Louis Elliers du Pin.
Erreurs d'Éon de l'Étoile

Il y eut dans le même siècle un visionnaire qui fut présenté au pape Eugène III, au commencement du Concile de Rheims; c'étoit un gentilhomme breton nommé Éon de l'Étoile qui étoit tellement ignorant qu'aiant entendu chanter dans l'église : *Per eum qui venturus est judicare, vivos et* mortuos, il s'étoit, imaginé et assuroit que c'étoit lui, qui devoit juger les vivants et les morts. Il fut suivi comme un grand prophète : tantôt, il marchoit avec une grande foule de peuple, quelquefois il se cachoit, et puis il paraissoit plus glorieux qu'auparavant. On, disoit qu'il étoit magicien et que pour attirer le monde il faisoit de grands festins, mais qui n'étoient que des illusions, et que les viandes que l'on mangeoit à sa table et les présents qu'il donnoit, aliénoient l'esprit. L'Archevêque de Rheims l'aiant attrapé, le présenta au Saint-Père et au concile, ses réponses pleines de rêveries frénétiques firent qu'on le traita de fol, et qu'on le renferma dans une prison très étroite où il mourut bientôt après. Plusieurs de ses disciples, encore plus insensés que lui aimèrent mieux subir les flammes que de le renoncer.

*(Histoire des Controverses et des matières ecclésiastiques traitées dans le XII*e *siècle,* par MESSIRE Louis ELLIES-Du-Pin, Docteur en Théologie de la Faculté de Paris, et professeur royal en philosophie à Paris. MDCXCVI. Chap. VI.)

K. Dom Lobineau.
An 1148. Secte d'Éon de l'Étoile

Au commencement de la même année, ou peut-être même quelque temps auparavant, Albérie, Evesque, d'Ostie et Légat du Saint-Siège s'estoit trouvé à Nantes avec Hugues, archevesque de Rouen. Il y avoit fait la translation des reliques des saints martyrs Donatien et Rogatien, mais il est à croire que ce n'estoit pas l'unique dessein qui l'avoit attiré en Bretagne. La secte d'Éon de l'Estoile y faisoit d'étranges dégats. Il peut bien estre que le Pape avoit envoyé le légat à Nantes pour s'informer des désordres de ces fanatiques et pour en faire son rapport au Concile qui devoit se tenir à Reims pendant le Caresme.

Éon de l'Estoile estoit un gentilhomme du pays de Loudéar, dont l'esprit grossier et stupide, gasté par la recherche des secrets de la magie, s'estoit fait un système de religion dont l'extravagance eut fait plus de compassion que de peine à l'Église, si cet homme fou et ridicule n'eut joint le brigandage à l'extravagance de ses dogmes. Un auteur qui À écrit presque dans le même tems l'accuse de magie, et d'avoir toujours eu à son gré par le ministère des démons, or, argent, vestements précieux, chevaux, oiseaux, viandes délicates, enfin tout ce qui peut contenter un homme ambitieux et sensuel. Mais on n'ajoute pas beaucoup de foi maintenant aux accusations de sortilège et de magie, et s'il est vrai que rien ne manquoit à l'ambitieux Éon et ceux de sa secte, c'est qu'ils vivoient de brigandage et qu'il pilloit avec eux les Églises, les Monastères, et puis se retiroit dans les forêts, où il prenoit plaisir à se parer des dépouilles du sanctuaire aux yeux des siens et des estrangers.

Leur retraite ordinaire estoit dans les forêts de Brécilien. Le Diocèse de Saint-Malo fut principalement infesté de ces hérétiques, ou pour mieux dire de ces fous obtinez et furieux. Éon pour avoir peut-être entendu dire quelque fois dans les exorcismes : *Per eum qui venturus est, par celui qui doit venir*, s'estoit imaginé que c'estoit lui dont on parloit, confondant eum avec Eon, à cause de la prononciation qui estoit semblable. Sur ce fondement il se persuada qu'il estoit le maistre des vivants et des morts, et qu'il les jugeroit tous un jour. Ne concevant plus rien que de grand, après un fondement si magnifique, il donna à chacun de ses sectateurs des noms d'anges et de puissances spirituelles, appelant l'un la *Sagesse*, l'autre *le Jugement*; ainsi du reste.

Après avoir parcouru pendant quelques années diverses provinces, et toujours échapé à ceux qui l'avoient voulu arrester, il fut pris par l'archevesque de Reims avec les plus chers de ses disciples, et présenté au Concile. Il avoit en main un baston fourchu. Quand on lui eut demandé ce que signifiait cette forme extraordinaire de baston, il répondit : *Ces deux pointes qui regardent le ciel signifient que Dieu, maistre des deux tiers du monde, m'a cédé le troisième; et si je tournois ces deux pointes en bas, les deux tiers du monde seroient à moi, et je n'en laisserais qu'un tiers à Dieu.* Les plus sérieux ne purent s'empêcher de rire; on le fit retirer pour ne pas perdre le temps à entendre des extravagances.

Ses disciples ne lui cédoient point en entestement; on ne put jamais leur oster de la teste leurs impertinentes resveries. Peut-être ne les eust on traitez qu'en insensez, s'ils n'eussent esté coupables d'une infinité de sacrilèges. La Cour prit connaissance de leur affaire et les condamna au feu. Le seul Éon fut condamné à une prison perpétuelle à la prière de l'archevesque de Reims. On l'enferma pour exécuter la sentence, mais il mourut peu de temps après.

On vit dans la mort de ses disciples, que le mensonge A quelquefois ses martyrs, comme la vérité. Pas un d'entre eux ne donna des marques de repentir ; et celui qui s'appelloit le Jugement, en estoit si dépourvu, qu'il ne cessa jusqu'au dernier soupir, de menacer les juges et les bourreaux, et de commander à la terre de s'ouvrir pour les engloutir tous vivants. On fit endurer le mesme suplice à plusieurs autres de ces fanatiques dans le diocèse de Saint-Malo ; exécutions que l'on doit attribuer au zèle de Jean, surnommé de *la* Grille, qui en estoit évesque.

(Dom LOBINEAU, *Histoire de Bretagne*, t. I, p. 150.)

Le récit de Dom Morice *(Hist. de Bret.,* t. 1, p. 99) est calqué sur celui de Dom

Lobineau. Mais il insinue à tort, comme nous l'avons dit, que Éon au concile fut interrogé par le légat Albéric.

L. Dom Gervaise

Le pape Eugène III, voulant tenir un grand concile, accepta les offres de l'abbé Suger, et choisit pour cet effet la ville de Reims, où ses prédécesseurs avaient déjà tenu de pareilles assemblées. Celle-ci fut indiquée pour le Dimanche après la Mi-Carême de l'année 1148. Ce qui le détermina à ce choix, fut selon Otton de Freisinghen que l'Archevêque de Reims tenait dans ses prisons un fameux hérétique dont il s'était saisi avec beaucoup de peine, et dont il réservait le jugement à sa sainteté.

Il se disait Gentilhomme Bas-Breton, homme des plus extravagants qu'on eût jamais vu. Il joignait à une profonde ignorance, grand nombre d'autres mauvaises qualités. Il était grossier, brutal, opiniâtre et sans aucune religion que celle qu'il se faisait à sa mode. Comme il s'appelait Éon, il s'était imaginé qu'il était fils de Dieu, et le juge des vivants et des morts, fondé sur l'allusion grossière de son nom avec le mot latin Eum, qu'on trouve dans cette conclusion des Exorcismes : *per eum qui judicaturus est,* etc. Cette imagination toute absurde qu'elle était, ne laissa pas de lui servir à séduire une grande multitude de peuple ignorant de son pays, susceptible comme on l'a vu dans tous les siècles, de toutes les erreurs les plus éloignées du bon sens ; et comme le démon s'empare facilement de ces sortes de gens, il faisait avec ce secours infernal, plusieurs choses extraordinaires que les Bretons prenaient pour autant de miracles.

Après s'être attiré plusieurs disciples dans son pays, il lui prit envie de venir en France ; mais il n'y trouva pas ce qu'il pensait. D'abord quelques Seigneurs se mirent en devoir de l'arrêter, et comme il échappait toujours à leurs recherches par le moyen, à ce qu'on dit, de ses enchantements, l'Archevêque de Reims trouva le secret de se saisir de lui et de ses principaux disciples, qu'il tenait enfermés jusqu'à ce que le concile en eût fait justice. C'est ce qui détermina le Pape à tenir son concile à Reims, plutôt qu'ailleurs, pour n'être pas obligé de transférer les prisonniers qu'on ne voulait pas laisser échapper.

L'ouverture s'en fit dans la grande Église Notre-Dame, le 22 de mars, qui était le lundi après le quatrième dimanche de carême. Le pape y présidait en personne, et dès la première séance, il s'y trouva onze cents prélats, tant Cardinaux qu'Archevêques, Évêques et abbés de France, d'Allemagne, d'Angleterre, d'Espagne, d'Italie et autres lieux. Éon fut amené au concile et présenté au Pape par un Évêque de Bretagne.

Le pape demanda d'abord à. l'imposteur qui il était, et il répondit hardiment qu'il était celui qui devait juger les vivants et les morts. Il se servit pour s'appuyer, d'un bâton fait comme une fourche. Le pape lui demanda que voulait dire ce bâton d'une figure si irrégulière ? C'est ici un grand mystère, répondit l'hérétique. Tant que ce bâton est dans la situation où vous le voyez, les deux pointes tournées vers le ciel, Dieu est en possession des deux tiers du monde, et me laisse maître de l'autre tiers ; mais si je viens à le tourner autrement en sorte que les deux pointes touchent la terre, alors j'entre en possession des deux tiers du monde et je n'en laisse qu'un tiers à Dieu.

Il n'en fallut pas davantage pour faire rire toute l'assemblée ; on le traita comme un fou, et on le condamna à une prison perpétuelle, afin de le mettre hors d'état de séduire davantage les peuples. Encore, fut-ce une grâce que l'on accorda aux évêques de Bretagne qui demandèrent avec instance au concile, qu'on ne le fit pas mourir, à cause qu'il appartenait à une des principales familles de Bretagne. Mais, d'un autre côté, crainte qu'il ne s'échappât on pria le Régent d'en avoir soin, et celui-ci s'acquitta si bien de sa commission, et le fit mettre dans un si bon lieu, qu'en peu de jours il y mourut.

Pour ses principaux disciples, qu'on avait arrêtés avec lui, et à qui il avait donné des noms magnifiques, comme la Sagesse, le Jugement, la Terreur, etc, ils ne furent pas traités si favorablement, car après qu'on leur eut laissé le choix, ou de l'abjuration ou du feu, comme on vit qu'ils persistaient opiniâtrement dans leurs erreurs, on les livra au bras séculier qui les condamna tous à être brûlés ; ce qui fut exécuté dans le grand marché de Reims. En les conduisant au supplice, celui qui s'appelait le Jugement répétait sans cesse ces paroles : *Terre ouvre toi, pour engloutir mes ennemis, comme Dathan et Abiron,* persuadé que son pouvoir était assez grand, pour faire ce qu'il disait, mais la terre ne s'ouvrit point, si ce n'est peut-être pour l'engloutir lui-même dans les enfers.

Après cette exécution, toute cette multitude innombrable de Bretons insensés qui suivaient ce faux prophète, et dont il se servait pour piller les Églises et les Monastères, se dissipa d'elle-même. Quelques-uns qui demandèrent à rentrer dans le sein de l'Église furent mis en pénitence, et exorcisés comme des Démoniaques. On apprit d'eux bien des choses fort particulières de leur Prophète, entre autres, que lorsqu'ils étaient avec lui dans des lieux déserts, il faisait paraître tout d'un coup, une si prodigieuse quantité de pain, de vin, de viandes, poissons et même des plus exquis, qu'on aurait dit qu'il y en avait plus qu'il n'en fallait pour rassasier une armée de cent mille hommes. Cependant, lorsqu'on s'était bien rempli de ces viandes, quelque grande quantité qu'on en eût mangé, pour peu qu'on se donnât de mouvement, on se trouvait plus affamé qu'auparavant, et il fallait manger tout de nouveau ; ce qui fait voir, que ce n'était que des viandes fantastiques.

Ils ajoutaient qu'un jour, un Seigneur du païs et de ses parents l'étant veau trouver dans une forêt où il était environné de ses disciples, afin de tâcher à le faire rentrer en lui-même, le prétendu prophète fit à l'égard de ce gentilhomme, ce que le démon fit autrefois à l'égard de Jésus-Christ; lorsque l'ayant transporté sur une montagne fort élevée, il lui montra tous les royaumes du monde, et la gloire qui les accompagne, avec la promesse de le mettre en possession de ces trésors, s'il voulait l'adorer, mais le Gentilhomme eut assez de sagesse, pour ne pas se laisser prendre à une si belle apparence, et se retira avec autant de douleur que d'indignation contre son parent.

Son écuyer qui l'accompagnait, ne fut pas si avisé, ayant aperçu parmi toutes les raretés que l'enchanteur avait étalées à leurs yeux, un épervier d'une beauté extraordinaire, il le demanda, et il lui fut accordé. Comme son maître était déjà, parti, il courut donc après lui, avec son épervier sur le poing, ravi du présent qu'on venait de lui faire. Jette cela par terre, malheureux, lui dit son maître, ne vois-tu pas que c'est le diable, qui À pris la forme de cet oiseau. Mais l'écuyer qui attribuait à simplicité l'avis que lui donnait son maître, au lieu d'obéir, soutenait que dans la fauconnerie du roi, il n'y avait pas un si bel épervier. Quelques moments après, il commença à se plaindre que l'oiseau lui serrait le poing trop fort, et qu'il lui enfonçait ses ongles bien avant dans la chair; puis tout d'un coup, il l'enleva en l'air par le bras, et le malheureux disparut aux yeux de son maître sans qu'il en ait jamais entendu parler.

(*Histoire de Suger, abbé de Saint-Denis, ministre d'État et régent du royaume*. Anonyme (Dom Gervaise), 3 vol. Paris, MDCCXXI, t. III, P. 194).

M. Charles du Plessix d'Argentré

(*Collectio Judiciorum.*)

Cet historien, dans l'ouvrage indiqué n'ajoute rien de particulier aux citations qui viennent d'être faites, se borne à reproduire les textes de Guillaume de Neubrige et de Robert du Mont. Il mentionne que le moine Albéric des Trois Fontaines rapporte les mêmes faits que Robert du Mont dans sa Chronique éditée à Hanovre environ le même temps.

(*Collectio Judiciorum de novis erroribus... opera et studio Caroli* Du Plessix D'Argentré, Sorbonici Doctoris et Episcopi Tuletensis. – Paris, 1728, t. I, pp. 36 et 37).

N. Abbé Fleury

(Histoire ecclésiastique. Année 1148.)

Le pape Eugène tint le Concile de Reims dans le temps marqué, et le commença le vingt-deuxième de mars, qui était le lundi après le quatrième dimanche de Carême. À ce concile fut amené un gentilhomme breton, nommé Éon de l'Étoile, homme presque sans lettres, qui se disait être le fils de Dieu, et le juge des vivants et des morts, sur l'allusion grossière de son nom avec le mot latin *Eum* dans cette conclusion des exorcismes : *Per eum qui judicaturus est,* et dans celle des oraisons : *Per eumdem.* Cette imagination, toute absurde qu'elle était, ne laissa pas de lui servir à séduire une multitude de peuple ignorant des extrémités de la France, c'est à dire de Bretagne et de Gascogne. On prétendait même qu'il faisait plusieurs merveilles par l'opération des démons.

Après que quelques seigneurs eurent essayé en vain de l'arrêter, il fut pris par l'archevêque de Reims avec ses principaux disciples. On le présenta au concile, où étant interrogé par le pape, il ne répondit que des impertinences et fut jugé insensé plutôt qu'hérétique. L'archevêque de Reims qui l'avait amené obtint qu'on lui sauvât la vie, mais on chargea l'abbé Suger, comme régent en France, de le renfermer, et il le mit dans une étroite prison, où ce misérable mourut peu de temps après. Quelques-uns de ses disciples furent livrés au bras séculier et se laissèrent brûler plutôt que de renoncer à leur folie.

(Tome XIV, p. 658, MDCCXXVII).

O. Longueval et Fontenai

Le terme indiqué par le pape Eugène pour l'ouverture du Concile de Reims était le lundi de la quatrième semaine de Carême, 22 mars 1148... Le concile s'ouvrit dans l'Église Notre-Dame...

On en était là dans le concile, lorsque Samson, archevêque de Reims, produisit cet extravagant d'Éon, surnommé de l'Étoile, qu'il avait dans ses prisons, hérétique ou hérésiarque d'une espèce toute singulière, car le malheureux voulait l'être sans avoir le peu d'acquis ni le peu d'intelligence qu'il lui fallait pour discerner ce que c'est que hérésie. Il y en avait assurément d'aussi ignorants et d'aussi grossiers que lui parmi ceux avec qui le concile venait d'interdire tout commerce, si ce n'est qu'ils en croyaient leurs maîtres, et ne péchaient guère que par une docilité stupide, au lieu que Éon ne devait ce qu'il était qu'à lui-même.

Né dans la Bretagne et bon gentilhomme, mais enflé d'un léger commencement de lettres, il s'était avisé de raisonner sur ce qu'il entendait quelquefois à l'église, où la lettre *u* et la lettre *m* jointes ensemble se prononçaient comme *o* et *n*, *on* pour *um*. Ainsi à ces paroles des Exorcismes : *per eum qui venturus est,* et à celles des oraisons : *per eumdem Dominum nostrum*, il s'imaginait que c'était lui que l'on y nommait. La méprise n'aurait été que risible si elle n'eût pas dégénéré en folie ou en impiété, et que là-dessus il ne se fût pas mis en tête qu'il était le fils de Dieu, le juge des vivants et des morts et le seigneur de toute chose. Il se le persuada même et parvint à le persuader à d'autres avec tant d'aheurtement que dans son pays et aux environs il se forma un cortège de gens qui lui étaient aveuglément dévoués.

Sa famille cherchait à le renfermer et la sûreté publique l'exigea bientôt. Quelque simple et quelque fou qu'il parût, il ne l'était pas au point qu'en posant des principes de spéculation, il ne sût parfaitement bien en tirer des conséquences qui l'autorisaient à faire sa main, et à se donner par là les moyens de vivre dans l'abondance. Sa qualité de fils de Dieu, et de seigneur universel, n'était pas simplement une pure impiété. Accompagné de ses partisans, il la faisait valoir à force ouverte. Il dépouillait les églises, pillait les monastères, et s'enrichissait partout avec eux aux dépens de qui ils pouvaient.

Quoique c'en fût assez de l'appât du gain pour les multiplier, on éprouva cependant qu'il y en avait d'assez infatués pour s'attacher à lui par un motif de religion. Les enchantements y auraient eu aussi beaucoup de part, si quelques auteurs en étaient croyables, dans ce qu'ils racontent des esprits qu'il avait à ses ordres, et des tables somptueusement dressées au milieu des forêts sur le moindre signe qu'il en donnait. Mais Otton de Frisingue, le plus sensé de tous, n'en dit mot. Au contraire, il n'attribue la propagation du mal qu'à la disposition des personnes à qui le prétendu magicien s'adressait dans les recoins d'une ou deux provinces éloignées du cœur de la France.

Il eut cependant la témérité de s'approcher des grandes villes, et après quelques poursuites qu'on avait faites inutilement pour le saisir, ce qui confirmait les bruits de ses communications avec le diable, il fut heureusement arrêté au diocèse de Relins, lui et plusieurs des siens.

Qui que ce pût être qui lui eût appris à manier la plume, ou qui lui en eût prêté une pour subtiliser ses idées, et les revêtir d'une couleur de vraisemblance, on prétend qu'il ne parut devant le concile qu'avec une apologie composée.

Le Pape lui ayant demandé qui il était : « Je suis, répondit-il fièrement, celui qui doit juger les vivants et les morts, et le siècle par le feu ». On souhaita de savoir ce que signifiait la forme d'un bâton sur lequel il s'appuyait, et terminé en haut par une fourche. « Elle est le symbole d'un grand mystère, reprit-il, car tandis que les deux branches ainsi élevées regardent le ciel, vous devez reconnaître que des trois parties de l'Univers, Dieu en possède deux et me cède la troisième, au lieu que si je tourne les deux branches vers la terre, nos fortunes changent : Dieu n'a plus pour lui qu'une troisième, partie ; et il m'abandonne la souveraineté des deux autres ».

Ce n'était pas là de quoi engager les théologiens du Concile dans une discussion bien sérieuse. On rit de ces inepties, et on eut pitié d'un hébété qui ne s'en apercevait seulement pas. On alla même jusqu'à ne le pas croire assez libre pour lui imputer à la rigueur les vols et les sacrilèges qu'il avait commis. Une prison perpétuelle fut toute la punition que le Pape voulut qu'on en tirât. On l'y confina par l'autorité de l'abbé Suger, régent, et il y mourut peu après.

Un de ses disciples poussa si loin le blasphème et se montra si inexcusable dans ses fureurs qu'on fut obligé de le livrer au bras séculier pour l'exemple. Éon l'avait appelé le *Jugement*, comme il en avait appelé un autre la *Sagesse*, les désignant tous sous des noms magnifiques. Le *Jugement* fut donc condamné au feu, quelque menace qu'il fît à. ses juges, d'en tirer promptement une terrible vengeance. Étant conduit au supplice, il criait souvent : *Terre, terre, ouvre-toi* ; et il attendait qu'elle s'ouvrît réellement. On offrit la vie à d'autres, que leurs pilleries et la profanation des choses saintes ne rendaient pas moins dignes de mort. Mais parce que c'était à condition qu'ils renonçassent à leur chef et à ses visions, le charme de la séduction l'emporta : ils aimèrent mieux mourir que de changer. Le reste fut dissipé.

(*Histoire de l'Église* Gallicane, par le P. Jacques Longueval de la Compagnie de Jésus, et Claude Fontenai de la Compagnie de Jésus, t. IX. Paris, MDCCXXXIX, p. 204-208).

ÉON DE L'ÉTOILE

P. Abbé Mahé

Les habitants de la commune de Concoret portent depuis plusieurs siècles, un sobriquet singulier qui prit naissance au milieu du XIIe siècle en des événements curieux que je vais rapporter partie d'après l'histoire, partie d'après les traditions topiques. Cette dernière partie se distinguera de l'autre par des caractères italiques.

Eudon naquit d'une famille noble dans les environs de la forêt de Loudéac, ou plus précisément dans *la paroisse de Concoret* où une rue porte encore son nom, car alors la forêt de Loudéac s'étendait plus qu'aujourd'hui et faisait partie de la forêt de Brécilien, dont l'étendue n'était pas petite. Il fut ermite dans la forêt de Brécilien et aussi *cénobite dans un couvent dont on voit encore les ruines à Concoret. Il s'y plaisait beaucoup, et parce que son supérieur le transféra contre son gré dans celui de Paimpont, il en conçut du dépit, renonça à sa profession et se mit à dogmatiser.*

Le nom d'Eudon se prononçait alors comme Éon, et le mot latin *Eum* se prononçait de la même manière. Eudon qui était fort ignorant, comme tous les gentilhommes de ce temps-là, entendant chanter dans la conclusion de certaines oraisons : *per eum qui venturus est judicare vivos et* mortuos, crut ou feignit de croire que c'était lui qui devait juger les vivants et les morts.

Il s'était adonné à la recherche des secrets de la magie, et des écrivains de son siècle prétendent qu'il y était fort habile. Il se transportait soudainement d'un lieu à un autre ; il apparaissait à ceux qui venaient le voir, entouré d'une clarté extraordinaire ; il leur montrait plus de trésors que deux rois n'en auraient pu fournir, et leur permettait d'en prendre ce qu'ils voulaient. Un jour, un gentilhomme voyant un épervier entre les mains d'un de ses partisans le lui demanda et l'obtint ; mais cet oiseau qui apparemment était un démon, lui serra bien fort le poing et l'emporta dans les airs, sans que ce malheureux reparût depuis. Éon et ses sectateurs vivaient dans la forêt de Brécilien, toujours dans la joie et les banquets, car il avait le pouvoir de faire venir à volonté sur les tables, les mets les plus exquis.

Tels sont les faits rapportés par Guillaume de Neuberg, et par Othon de Freisingue. Il est permis d'en douter, non que la magie soit une chimère comme tant de gens l'avancent avec plus de légèreté que d'érudition, mais parce que ceux qui racontent ces prodiges ne les virent jamais, et qu'ils ne citent aucun homme grave qui en ait été témoin.

Quoi qu'il en soit, Éon parcourut plusieurs provinces et fit de nombreux partisans non seulement dans la Bretagne mais jusque dans la Gascogne. Il les qualifiait d'anges et d'apôtres et leur donnait des noms magnifiques : il appelait l'un Sagesse, l'autre Science, un troisième Jugement, imitant peut-être sans le savoir l'hérésiarque Valentin qui nommait ses adeptes νοον, δυναμιν, φρονησιν. Ils étaient si opiniâtres, soit par une disposition naturelle, soit qu'Éon leur eût renversé l'esprit par ses enchantements, comme Simon fit jadis aux Samaritains, que rien, pas même la crainte de la mort, ne pouvait les ramener au sens commun. L'un deux, nommé Jugement, sans en avoir beaucoup, fut pris et condamné au feu. En marchant au supplice, il menaçait ceux qui le tenaient de la colère de Dieu, et il disait : « Terre, ouvre-toi pour engloutir mes ennemis, comme Datan et Abiron. » Mais la terre ne s'ouvrit point, et le malheureux fut brûlé.

Quand on lit dans l'histoire les jugements sévères portés contre les hérétiques, on n'est pas toujours fondé à crier à la cruauté, à l'intolérance, car parmi eux, il y en À plusieurs qui semaient dans le peuple des principes d'immoralité et de sédition, ou qui étaient coupables de vols, d'incendies ou d'assassinats. Tels étaient les Manichéens, les Albigeois et tels étaient aussi les Éonistes.

Leur chef sortait de temps en temps de la forêt de Brécilien à la tête de ses anges, de ses saints apôtres, pour piller les villages, les maisons nobles, les églises, les monastères, parce que ces expéditions lui fournissaient les ornements ecclésiastiques dont il aimait à se parer pour se rendre plus respectable, et les trésors dont il avait besoin pour couvrir les frais de ses festins journaliers.

Il fallut mettre un terme aux pilleries de cet homme, ainsi qu'à ses déclamations scandaleuses contre les prêtres, les évêques et les autres prélats. Il fut donc pris par les ordres du duc, l'an 1148 et mené à Reims, où le pape Eugène avait convoqué un concile. Le président de l'assemblée lui demanda qui il était ; Éon lui répondit gravement : Je suis celui qui doit juger les vivants et les morts. Le président lui voyant en main un bâton fourchu voulut en connaître la signification. Éon répondit : C'est ici un grand mystère, quand les pointes de ce bâton sont tournées vers le ciel, Dieu est en possession des deux tiers du monde, et me laisse maître de l'autre tiers, mais si je tourne ces fourchons vers la terre, j'entre en possession des deux tiers du monde, et je n'en laisse qu'un tiers à Dieu.

Cette réponse fut couverte d'un rire universel ; mais Dieu sait si le coupable ne se couvrait pas des livrées de la folie, pour y trouver une excuse à ses crimes et un moyen d'impunité. Finalement ce maître du monde fut renfermé dans une étroite prison, où il mourut peu de temps après.

Tandis que cet homme extraordinaire était campé dans la forêt de Brécilien, il conduisait nuitamment les sectateurs qu'il avait à Concoret, près de la fontaine de Baranton, pour y célébrer avec eux ses orgies, et comme il passait pour magicien et que d'ailleurs ces assemblées nocturnes ressemblaient au sabbat, les habitants de Concoret reçurent le nom de sorciers qu'ils ont porté jusqu'à ce jour et qu'ils porteront encore longtemps.

Essai sur les Antiquités du département du Morbihan,
par J. M<small>AHÉ</small>, chanoine de la cathédrale de Vannes.
Vannes, 1825, p. 422.

Table des matières

I. — Le Seigneur de l'Étoile 4
    I 4
    II 4
    III 10
    IV 12
    V 14
    VI 18

II. — Éon devant le Concile 21
    I 21
    II 25
    III 28
    IV 30
    V 35
    VI 39

III. — Textes concernant Éon de l'Étoile 43
    A. Guillaume de Neubrige 44
    B. Othon de Freisingen 47
    C. Ex Auctario Gemblacensi 47
    D. Robert du Mont. — Appendice à Sigebert 48
    E. Ex appendice ad Sigebertum Alterius Roberti. (Robert Le Prémontré) 48
    Note sur la chronique de Gemblours 49
    F. Albéric des Trois-Fontaines 49
    G. Baronius 50
    H. Lambert Waterlosius 51
    I. Messire Bertrand d'Argentré. Chapitre LI de « Éon de l'Estoile
       et de ses Erreurs » 51
    J. Messire Louis Elliers du Pin. Erreurs d'Éon de l'Étoile ... 53
    K. Dom Lobineau. An 1148. Secte d'Éon de l'Étoile 54
    L. Dom Gervaise 56
    M. Charles du Plessix d'Argentré 58
    N. Abbé Fleury 59
    O. Longueval et Fontenai 59
    P. Abbé Mahé 62